改訂

じょうずに たべる たべさせる

摂食機能の発達と援助

山崎 祥子

はじめに

２０２０年は新型コロナウイルスの感染予防で、大勢の人が集まる講演会や研修会はことごとく中止、一部はオンラインになりました。そんな中でこの本の原稿を書き始めることができ、発信の機会が与えられたことを喜んでいます。２０２０年の私はというと、研修会で講師をしたのは2回、主催者は参加人数を制限し、広い会場に講師と受講者は距離をとり、アクリル板越しに、いつもより短時間で話しました。

私は言語聴覚士として、相談にこられたお母さんや担任の先生に、できるだけ具体的に話すことを心がけています。わかりにくい専門用語の多い業界です。そこで、まず、子どもの口の中や食べる時の動きをお母さんと一緒に観察します。お母さんには、子どもと同じ食べものを、そのお子さんと同じような口の動かし方で食べてもらいます。そうすると、子どものことがよくわかるのです。そのうえで子どもさんの摂食機能の発達段階や、援助方法を説明してきました。

講演会や研修会でも、実際に食べたり飲んだりしてもらうワークショップを組み込んで、話を進めてきました。五感を通して体験的に学ぶことが、子どもの立場に立てると考えているからです。教材は、ご自身の「口」にあるとお話します。また、偶然お隣に座った方同士で、相手の口の動きを観察し合い、相手から水を飲まされる緊張感を味わってもらいます。目の前の食べもの・飲みものを認識した時から実際に飲み込むまでの一連の動きを実感してほしいからです。そのうえで困っている子どもたちへの発達支援を考えていただきたいと思っています。

今回は、「じょうずに食べる・食べさせる―摂食機能の発達と援助」を講演するときの話の順序や内容に沿って書いています。しかも、どこの会場でも、受講者のみなさまから共通してよく受ける質問に対して、できるだけ解説したいと考えました。

ただし、この本がお手元に届く頃、コロナの感染がまだ収束していないかもしれません。また、収束していても、唾液の飛沫を防ぐ日常的マスクの着用、食事は「黙食」が望ましいという状態かもしれません。その場合、本書で提案した声かけやかかわり方が現実的にできない懸念があります。

このような状況では、特に0～1歳児の言語発達や給食指導が気がかりです。もちろん感染症の予防対策が最優先ですが、その中でも、子どもの言語や摂食機能については、従来以上に子どもの発達状況を注意してみることや援助が必要です。

目標に対して、達成に近づく道はいくつかあるはずです。困難な中でこそ、アイデアは生まれてきます。大人がマスクをしていると口は見えませんが、目や眉で表情がわかります。声には豊かな表情があり、手や身体で作るジェスチャーや態度でも伝えられることがあります。マスク越しに耳を使って音を聞く、鼻を使って匂いをかぐなど、不足分を補うアイデアを一緒に考えましょう。子どもがお母さんや先生に、よく注意を向けるよう工夫しましょう。

この本が、お母さんや保育士・幼稚園の先生、栄養士や調理を担当されている方々の目にとまり、参考にしていただければ幸いです。私は、従来通りの研修会場を思い浮かべながら、目の前に聞いてくれる人を想像し、交流の気分を味わいたいと思います。

目次

I 摂食動作とその発達の基礎知識

―自分の「口」を知ることから始めましょう

赤ちゃんは、生まれてすぐ口で「哺乳」を始め、やがて離乳食、普通食へと摂食機能を発達させていきます。「口」は食べるためだけの器官ではありません。呼吸では鼻と共に息の通路になり、話しことばでは発音を作る構音器官です。同じ「口」が、いろいろな機能をもっています。この章では口の構造と摂食器官としての口の動きや発達の基本を学びましょう。

1 口の中を見てみましょう

読者のみなさんは大人ですから、乳児の口と同じではありません。図1とご自分の口を鏡で見比べながら、まずは大人の口を確認してみましょう。

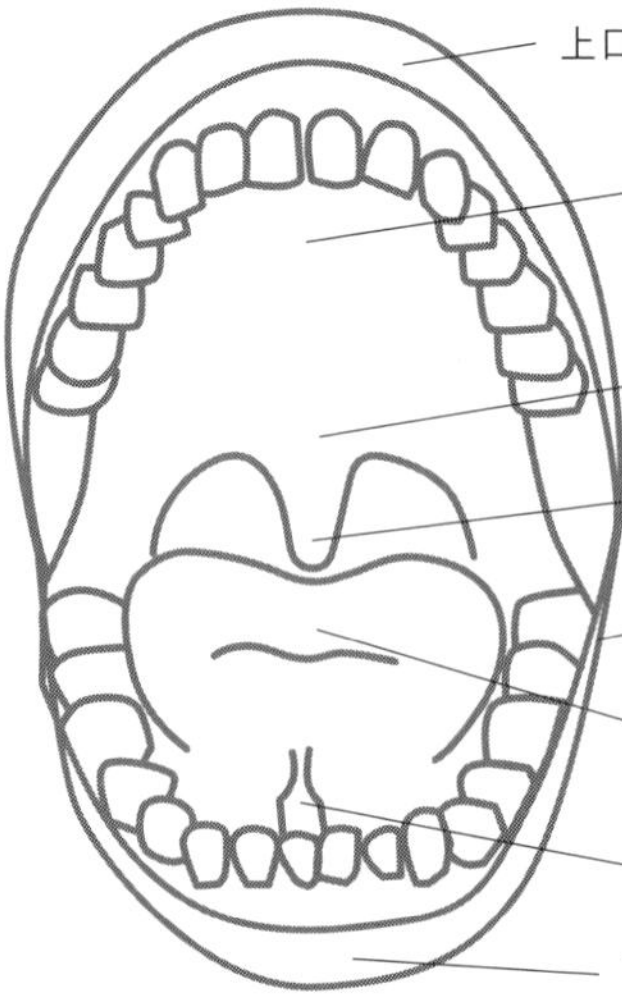

(図1)口腔

❶ 唇

唇は上唇と下唇からなり、閉じたり、開いたりできます。

マ行、バ行、パ行のことばを発音する時は、唇の上下を閉じてから言います。また、「イー」と横に引いたり、「ウー」と突き出したりもできます。ただし、日常の発音では「犬」の「イ」も「海」の「ウ」も強く引いたり、突き出しません。もちろん、怒って「イーダ！」と罵るときは強く横に引いて言います。

口の中にケーキプリンか木綿豆腐でも入っているつもりで、舌で押しつぶす真似をしてください。唇は横に引け、唇の両端（口角）は中に引かれスマイルした顔になりますね。

次に、口を閉じて硬いものを奥歯で噛む真似をしてください。右で噛めば右の口角が引かれ、左で噛めば左が引かれます。唇がねじれて、ちょっとニヒルな顔になります。

スプーンが口に入る時、スプーンのボールの付け根が下唇に触れると、上唇が下りてきて唇は閉じることができるので、引き抜けば食べものは上唇でこそげとることができます。あーんと大きく口を開けたままスプーンが下唇に触れないと、唇が閉じません。下唇はスプーンを支え、上唇に下りるように合図をしているみたいです。

子どもの唇の動きをよく観察すると、押しつぶしているのか、奥歯で咀しゃくをしているのか、推察できます。

❷ 舌

次は舌の動きを確認してください。

◉偏位運動

舌は「ベー」と出したり引っ込める前後運動、舌を上方にあげたり下ろしたりの上下運動、舌先を左右の口角につけたり内側から頬を押す左右への「偏位運動《へんいうんどう》」ができます。

舌は、前後・上下・左右の運動だけでなく、形も自在に動きます。お皿のように平たくしたり、丸めたり、発音するときも食べる時も口の中で微細な運動をしています。「舌が大きい」、「舌が小さい」という心配もききますが、大きいというのは口の中に納まらないほどのことで、大きく見えても小さく見えても口の中に納まり発音や咀しゃくに問題がなければ心配ありません。

◉巧緻運動

たとえば、発音をみると、「タ・ト・テ」は舌の前方が上前歯の裏側につきますが、カ行では舌の後方が上顎の奥のほうに向かって、持ち上がっています。食べるときは、魚の骨と身を分けて骨を出したり、果肉と種子を分けて種だけを出したりもできます。このような「巧緻運動《こうちうんどう》」は、両唇を閉じている時にできるのであって、開口（唇を開いている）ではできません。このように唇と舌の動きは、大いに関連があります。唇を閉じていると舌はよく動きますが、唇が開いたままでは舌の動きが制限され、その結果しっかり噛むことができません。

❸ 軟口蓋（上顎）

◉硬口蓋、軟口蓋、口蓋垂

上顎を、上前歯の裏側から奥に向かって舌でなぞってみてください。前から3分の2くらいまでは硬口蓋《こうこうがい》といって、粘膜の下に骨があるので、

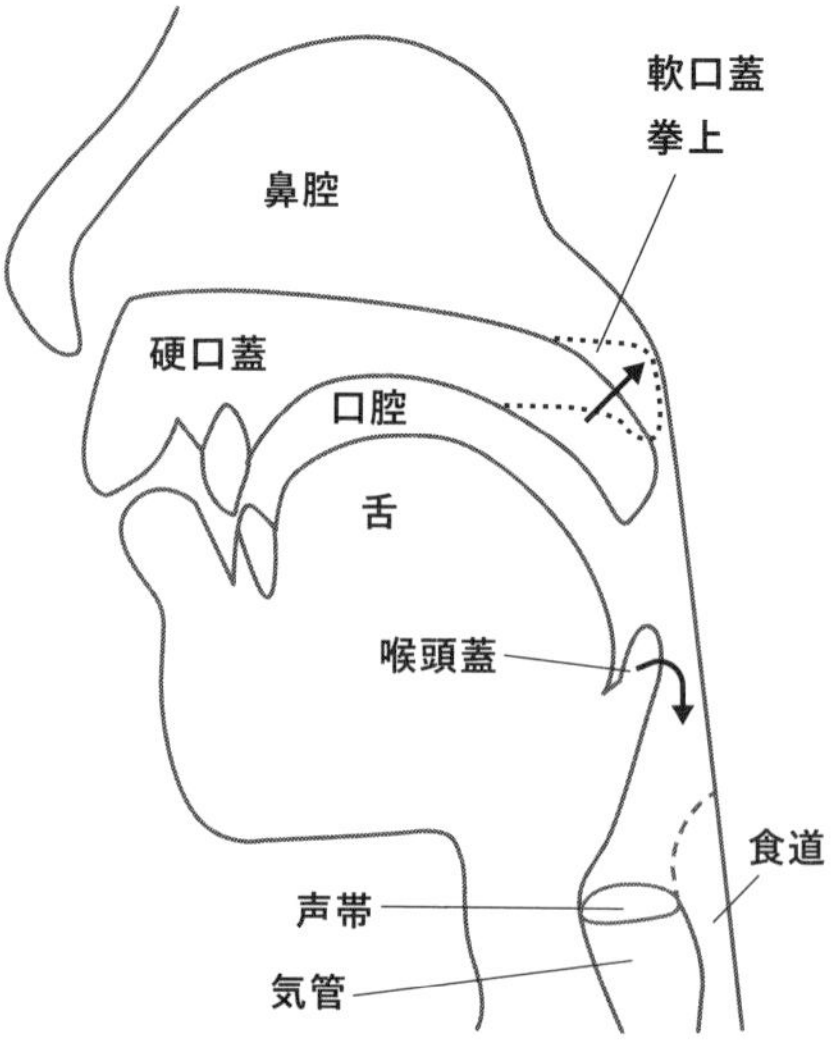

（図2）軟口蓋拳上の動き
軟口蓋は上後方へ動き鼻腔と口腔を隔てる

舌でさわると硬く感じます。その奥に骨はなく、舌で押しても軟らかいはずです。後方のこの部分は、軟口蓋《なんこうがい》といいます。軟口蓋の一番先の垂れ下がった部分「のどちんこ」は口蓋垂《こうがいすい》といいます。

◉「アッ」、「パ」、「マ」と言った時の軟口蓋などの動き

大きく口を開けて鏡をのぞいて、「アッ、アッ」と言う時の軟口蓋や口蓋垂の動きを見てください。口腔を側面から見た図２（軟口蓋挙上《なんこうがいきょじょう》の動き）にあるように、軟口蓋は上後方に持ち上がり、咽頭の壁について、鼻と口の空間を仕切る扉の役目をします。軟口蓋が持ち上がって、飲みもの・食べものが鼻に入らないように、進入を防いでいます。

鼻呼吸している時は鼻から吸った空気が咽頭から気道へ、口呼吸する時は口から吸った空気が咽頭から気道（気管）へ入っていきます。逆に気道から送られた空気を使って、「パ」は軟口蓋を閉じて口から発する音に対して「マ」は軟口蓋を閉じないまま鼻から発する音です。「パ」では閉じられた唇から息が飛び出てきます。「マ」では、「ムー」と唇は閉じたまま鼻から息が出て、アの音に伴って唇が開きます。息が口から出るか、鼻から出るか、自分の手のひらを鼻の穴に近づけたり、口の前にかざして感じてください。

外から見れば「パ」も「マ」同じ口の形ですが、口の中の軟口蓋の動きで区別します。ですから、「パパ」「ママ」の違いを口形で教えるのは難しいです。発音は、耳で聞き分ける力の発達が必要で、口の形を見せるだけでは区別がつきません。

❹ 下顎

パンやバナナを噛み切るのは顎を開いて閉じる上下運動で、顎にある前歯で噛み切ります。嚙み切った食べものを臼歯で噛み続けるときは、すり潰すために顎は回旋運動しています。

食べもののサイズに合わせて顎の開け方は自然に調節され、余計に大きく開けることはしません。離乳初期には「アーン」と誘いますが、大きく口を開けるより必要なだけ開けるために食べものをよく見ることが大切です。

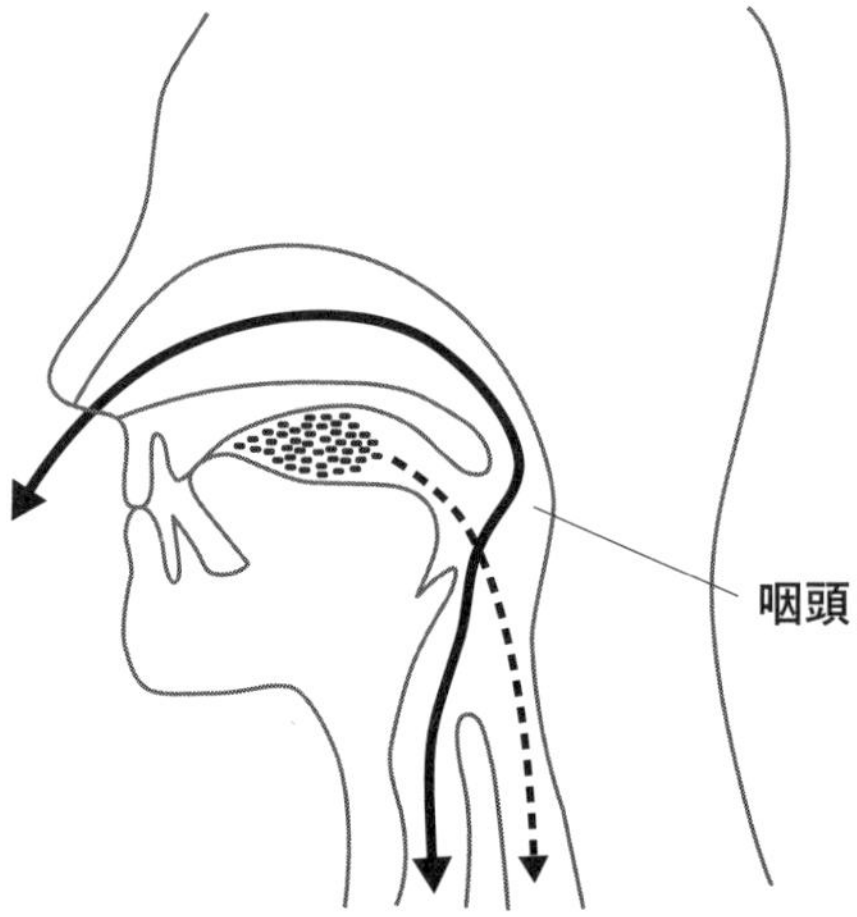

（図3）気道（━━）と食道（┅┅）

❺ 気道と食道

息の通る道を気道、食物の通る道を食道といいます。図3のように、首の中には前に気管、後ろに食道があります。食べもの・飲みものが気道に入らないよう、気道の蓋の役目をするのが喉頭蓋《いんとうがい》です。その下に声を作り出す声帯があります。喉頭蓋も声帯も食べもの・飲みものを気道に侵入さ

■正誤表■

本書に下記の通りフリ仮名の間違いがありましたので
お詫びして訂正致します。

		誤		正
P.10	10行目	喉頭蓋 いんとうがい	→	こうとうがい

せないための働きをしています。声帯は嚥下《えんげ》をする際にはしっかりと閉じられており、呼吸もその瞬間は止まっています。もし食べものが誤って声帯に侵入してきたら、むせます。咳は気管に入りそうになった時に、押し返そうとする保護反応です。

❻ 唇・顎・舌の運動は分離運動

ガムを噛んでいるときの口の動きを想像してください。ガムが口に入ると、左右どちらかの臼歯にガムは運ばれます。繰り返し噛むうちに反対側の臼歯に行くこともあります。臼歯で繰り返し噛むことができるのは、唇が閉じられていること（開いていてはペチャペチャと音がしたり、ゆっくりした噛み方しかできません）、舌がガムを臼歯にのるよう支えたり、舌で反対側へ送ったり、唾液と混ぜて軟らかくしています。繰り返し噛むために、顎は臼歯ですり潰すための回旋運動をしています。

奥歯で咀しゃくするには、下顎は回旋運動・舌は歯の上にのるよう食べものを支えたり、唾液と混ぜる、そのためには口唇は閉じるという唇・舌・顎が各々別の運動（分離運動）をしています。大人は唇を閉じて顎を大きく開ける変顔だって得意です。

離乳食が始まるまでのころは、口が開くと顎も唇も開きますし舌が出てきます。分離運動ができないと、しっかり噛むことはできません。

2 摂食動作

食べる動作がどのように行なわれているか確認していきましょう。

❶ 食べものを認識する

◉接触動作の始まりは食物の認識から

摂食動作の一番目は、食物の認識です。それは食べものが口に入る前に始まっています。

認識とは、「目の前にビスケットがある」、「お茶がある」ことが、わかるということです。私たち大人は見るだけで、それが何なのか、どんなものなのか、わかります。見たことのないものなら、よく見て観察するし、気になれば匂いを嗅ぐこともあります。そんな当たり前と思えることが、発達の段階や障害によっては、できません。食べられるものかどうかだけでなく、サイズ、材質、温度、味などについてのだいたいをわかって、自分にとって安全な食べものなのかどうかを認識できるように発達します。

◉認識は五つの感覚器官によって行われる

お酒を飲む人を想像してみてください。いっぱいにつがれて今にもこぼれそうなら、こぼしたら大変と、思わず口が迎えにいきます。下唇をつき出し、口をすぼめて、急いで吸い込めるように構えます。飲みものが冷たいか、熱いか、量はどのくらいかなどを見たとたん、唇の動きが始まっています。

次に、キッチンのそばにいる様子を想像してみてください。トントンといった軽快な音が聞こえたり、よい匂いがします。視覚だけではなく、聴覚・嗅覚からも情報が入り、どんな食べものなのか想像して食欲がわきます。

認識とは、視覚、聴覚、嗅覚・触覚・味覚の五感の感覚器官を通してなされるものです。見て何であるかわかる、量がわかる、温度がわかる、匂いでどんな食べものかわかるのが認識です。出されたコーヒーを、口に含んでから熱いことに気づいて吐き出すような不注意なことは滅多にないことです。実際に口に入れるまでに情報を把握し、見るだけで触らなくても熱さがわかるほうが安全です。前後の状況や湯気から、飲めそうなコーヒーなのかどうか大人は判断できます。

あなたが目を閉じたまま、たとえ信頼している家族からであっても、突然口に何かを入れられたら、怖いですよね。目で見えない場合は、いつものおいしい匂いがして、手でさわって、「○○だよ」と声かけをしてもらえば、少しずつ口に入れることは可能かもしれません。認識することで、食べものを摂り込む準備がなされるのです。

◉たくさんの経験から認識できるようになる

赤ちゃんも、たくさん経験を積んで、おいしいものを見分けたり、実際に熱いものをさわらなくても「これは熱い」と認識できるようになっていくのです。

胎児期から羊水を通して味は感じていると考えられています。生まれて数ヶ月は乳汁の甘い味しか受けつけません。大人は苦味・辛味・酸味をおいしく感じますが、子どもたちは生まれてから味覚を広げていくので、はじめは受け付けません。乳幼児期には野菜の苦み、酢の物やサラダの酸味に敏感で、食べたがらないのは安全と感じないからかもしれません。子どもたちは、周りの様子を見たり、自分なりに試して、納得して食べられるようになっていくので、発達をゆっくり待ちましょう。

❷ 口へ取り込む

◉食べものは口のどの位置に入るとよいのか

ビスケットを食べるときを想像してみてください。ビスケットが口に近づくにつれ、その大きさに合わせて口の開け方を変えます。やたら大きな口を開ける必要もありませんが、おちょぼ口では入りません。目で食べもののサイズをとらえて、ちょうどよい大きさに口を開きます。

さて、食べものは、口の中のどの位置に入るとよいのでしょうか？　ビスケットは前歯で噛み切られると、噛み取った分は舌の前方（手前）にのっています。

次に、スプーンにのった食べものを取り込む様子を想像してください。スプーンが口に入ると両唇を閉じて、「ムー」と上唇でこそげ取り、食べものは舌の前方（手前）にのっています。

舌の前方に食べものがのると、硬いものは舌が奥歯に運び噛みます。軟らかいものなら舌で押しつぶしたり、そのまま飲み込みます。咀しゃくは、食べものが舌の前方にのり奥歯に運ばれないとできません。

赤ちゃんは、手づかみ食べができるまでは、自分で口に取り込めません。そのできない期間に、大人がどの位置にどの程度の量を入れてあげたか、後の食べ方、特に咀しゃくに影響を与えます。口は、とりあえず放り込んだら、なんでも処理できる穴ではありません。

◉離乳食は大人と子どもの共同作業

大人から離乳食を食べさせてもらっている乳児期は、対人・社会性やコミュニケーションが盛んに発達する時期です。「食べる—食べさせる」は、子どもと大人の共同作業であり、食べものだけに興味が向いているのではなく、互いにリズムやテンポを合わせ通じ合う信頼関係の中で食べるのです。まだ口の中にいっぱい食べものが入っているのに次々と入れられたり、欲しくて待っているのに、口になかなか入れてもらえないのは困ったことです。また、大きな口を開けるよう「アーン、アーン」と言われて、口の奥に食べものをおかれると、味もわからず、固いものも飲み込むしかありません。

◉手づかみ食べは上手に食べるための練習

また、自分で食べるようになると、目と手を協応させてうまく口に運ぶことが必要になります。手づかみ食べは、手でつかんだ食べものを直接口に運ぶことができます。スプーンなど道具を使う場合は中身をこぼさないように口に運ばなければいけないので、スプーンの持ち方、すくい方、量の加減、口への方向性、入れ方などが要求されます。手づかみ食べは道具を上手に使って食べるための練習でもあります。スプーンが上手になっても、パン・おにぎり・イモ類など手づかみ食べを併用します。子どもの姿勢や上肢の運動機能・手指の器用さだけでなく、かかわる大人との関係の中で、量の加減や口の中のどの位置に入れるか、体験を通して学んでいきます。

❸ 咀しゃくする

◉咀しゃくと食塊形成

咀しゃくとは、口に入った食べものを潰し、唾液と混ぜて適度の軟らかさにして、まとめて飲み込めるように準備をする作業です。これが、咀しゃくと食塊形成です。

離乳食中期の、舌と上顎で軟らかい中期食を押しつぶすのも、後期食に入ってまだ歯が生えていない歯茎で擦りつぶすのも、臼歯が萌出し歯で噛むのも、咀しゃくです。

ビスケットを食べる時、臼歯に運んだビスケットを噛みしめると、その瞬間、歯の上には粉は残るかもしれませんが、ビスケットの塊は歯列の内側と外側にこぼれます。その落ちた塊をまた臼歯にのるよう舌や唇の周りの口輪筋《こうりんきん》が働いて噛み続けることができるのです。

また細かく砕かれたビスケットを唾液と混ぜ、まとめて飲み込みやすくするのも舌の働きです。ビスケットが粉々に砕かれても、唾液と混ざってまとまらないと飲みこめません。口唇が閉じ続けられるほうが、舌はよく動きます。

◉唇を閉じ鼻呼吸して噛む

噛んでいる間は唇を閉じ、鼻呼吸をし、奥歯ですり潰し、舌で唾液と混ぜてまとめることができれば、安全に嚥下できます。大人でも鼻炎で鼻呼吸できないときは、咀しゃく力が下がります。

❹水分を飲む

コップで水を飲んでみましょう。あるいは、水を飲む人の横顔を観察してください。コップが近づくにつれ、下唇が少し突き出て、コップの縁を支えます。上唇は下方に伸びて（鼻の下が伸びる）、コップの水面に触れます。上下の唇の小さな隙間から水分が吸い込まれていきます。口の中に入った水分は水塊にまとめられて安全に飲むことができます。

発達途上の子どもや高齢者では、コップの縁をしっかり固定して上唇との小さな隙間から吸い込むようにして飲まないと、どのくらいの水分量が口に入ったのかわからず、量の加減もできません。ラッパ飲みや流し込みで飲ませると、水を塊にまとめることが難しいので、むせやすくなります。大人が生ビールを飲むときは、大きな口を開けて流し込むようにしています。熱いお茶なら少しずつ空気と一緒にすすります。どちらも小さな子どもたちには難しい飲み方です。

❺ 飲み込む

食べものを嚥下するまでには、口腔器官では四つの蓋を閉じることで、食道に食べものが導かれます。図4を見ながら❶❷❸❹の蓋を確認しましょう。

❶の蓋は唇です。上下の口唇が閉じることで、口から食べものがこぼれないだけでなく、しっかり噛むことができ、舌で食べものを咽頭に運ぶことができます。上下の唇を開けたまま噛むときと、しっかり閉じて噛むときの噛む動きや、唾液との混ざり方、飲み込むために食べものが咽頭に向かう感じが違うことをご自分で確認してください。唇を閉じているほうがスムーズで、唇が閉じられていないと顎は上下運動中心となり、飲み込めるまで時間がかかります。

❷の蓋は、軟口蓋です。「アー」と発声したときと同じように、上後方に向かって動き、食べものが鼻腔にまわらないようにしています（P8図2参照）。

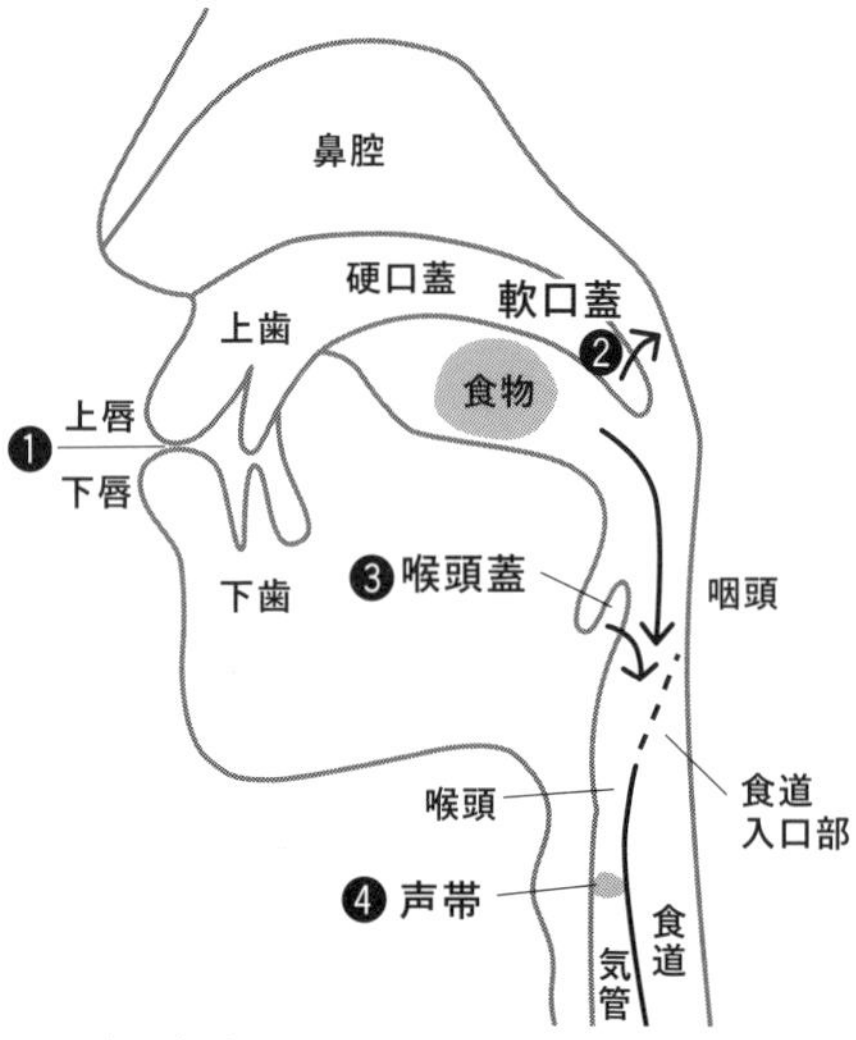

（図4）食物通過の仕組み
四つの蓋を閉めて嚥下する

❸の蓋は喉頭蓋です。喉には、息の通る気道（気管）と食道の二つの入口がありますが、食道の入口は飲み込むとき以外は閉じています。一方、気道は常に呼吸するため開いています。そこで、食べものや飲みものを飲み込む時は気道に蓋をし、食道の入口が開いて飲み込むことができます。喉頭蓋が下方に傾き気道に蓋をするとき、喉頭は蓋がされやすいように上方に動きます。ものを飲み込むとき、喉頭（男性の喉仏は、ゴックンする時上下に動くのが外から観察しやすい）が上方に動き、飲み終わると下がるのは外からも目で観察できます。手を喉に当てて、生唾を飲み込んでみてください。動きを手で感じることもできます。

❹の蓋は声帯です。喉に手を当てて「アー」と言うと、声帯の震えが手に伝わってきます。楽器で言えばリードの役目をしています。声帯は声を作り出す源であり、食べものが気管に入り込まないための蓋でもあります。さて、喉頭蓋が気道を蓋することによって食べものは食道に入るはずなのですが、健康な大人でもタイミングが悪く、声帯の上に誤って食べものや飲みものが入ってむせることがあります。誤って入ってきた食べものや飲みものが、気管に落ちないようにむせているのです。むせるのは、声帯の下で空気の圧を高め、咳をすることで声帯の上にのっている食べものを口腔へもどそうとする、安全を図る働きです。

3 飲み込むときに危険がある

❶ 直立歩行と喉の交差点

図3（P10）を再度見てください。咽頭は食べものも息も通る交差点です。人間が直立歩行するようになっていなかったら、こんな交差点はできなかったでしょう。犬や猫のように体の前に頭が位置していたら、食べるための道と息をするための道は別々で、誤嚥の危険はなかったのです。でもヒトは直立歩行を獲得したので、体幹の上に頭がのりました。そこで、危険を回避するために前項で述べたように四つの蓋をしたり、飲み込むときには息を止め、飲み終わったら息を吐くことで、食べものが気道に引き込まれるのを防いでいます。

❷ 水分を飲む時の呼吸の仕組み

水分を飲み込む場面を想像してください。口の中での水分の動きと呼吸の関係を見てみましょう。水分は、息と共に口に吸い込まれます。特に熱いお茶は啜って空気と共に入ります。口に入ると、液体は口の中で塊にまとめられて喉に送られていきます。水分が口の中に含まれている間は、鼻呼吸できます。でも、飲み込む瞬間は息を止め（声帯を閉じ）、ゴクンと飲みこんだ後に「ハ～」とため息のように息が吐き出されます（声帯が開く）。飲み込んだ後、「ハ～」と息が吐き出されるので、お茶が喉に少し残っていても、水分が気道に引き込まれるのを防いでいるのです。

❸ 気道閉塞や誤嚥を起こさない食べさせ方

でも、事故には気をつけなければいけません。お餅などを喉につめて気道が塞がれて息ができない状況を、気道閉塞といいます。また、誤って気管に食べものが流れ込んだ場合を誤嚥といいます。

体に障害がなくても、高齢者や重病で体力が弱っていたり、泣いている子どもの開いた口に食べものを入れると、息と一緒に食べものが気道に引き込まれることがあります。また、眠くて意識がはっきりしていないときにも事故は起きます。むせて食べものが吐きもどされるとよいのですが、中には肺に溜まって、治りにくい肺炎を起こすことがあります。これを嚥下性肺炎といいます。むせるのは保護反応ですが、むせているのは危険な兆候です。むせることがないまま誤嚥が起こっていることもあります。誤嚥や気道閉塞を起こさないよう、万全の対策で注意深く食べさせてあげてください。

子どもが眠そうにしていたら、口に入っているものはいったん出してしまいましょう。覚醒させてから食べさせます。介助して食べさせている場合、大人は背が高いので子どもの顔は上向きになっていませんか？　顎は引き気味、良い姿勢で子どもの口に水平にコップやスプーンを運び、上から流し込まないように注意してください。

4 摂食機能の発達

次に、摂食機能の発達について順を追って述べていきます。

❶「吸う・飲む」をお母さんのおなかの中で練習する胎児期

おなかの中にいる胎児は、7週ぐらいで上唇ができます。8週くらいになると、上唇に何かが触れると、それを刺激として受け取り、首や上体が反応する動きが見られるそうです。12週頃には口を閉じたり、羊水を嚥下したり、22週では口をすぼめたり、28週以降では吸啜《きゅうてつ》（吸いついて啜《すす》る行動）と嚥下を練習していきます。また、胎児は自分の指を口に入れて、吸う行動もみられるそうです。このように、赤ちゃんはお母さんのおなかの中で、乳汁を飲む準備をして生まれてきます。

❷おっぱいを吸いやすい構造をもつ哺乳期の口

哺乳と摂食の違いについて、述べていきます。

◉哺乳期の赤ちゃんの口の構造

哺乳期の赤ちゃんの口の構造は、おっぱいを吸うのに適しています。口の容積が小さく、乳首を口の中に入れたときに、隙間なく乳首を取り囲むことで、乳首は固定されます。舌は前後運動しかできませんが、乳首は固定されているので、前後に舌を動かして乳首をしごきます。頑張っているように見えますが、口の容積が小さいことで、少しの力でおっぱいを飲むことができます。

赤ちゃんの頬は、ぷっくり膨らんでいて愛らしいものです。外側に膨らんでいるだけでなく、頬の内側には、脂肪床という厚みがあります。また、上顎には、吸啜窩《きゅうてつか》というくぼみがあり、そこに乳首が収まるようになっています。つまり乳首が口の中に入ると、左右の脂肪床と吸啜窩と舌で密閉します。顎が開いていても乳首をくわえたままで口の中は陰圧になり、乳汁を吸いやすくし、舌が前後に動くことで乳汁が出てきます。

哺乳期にはこの構造がよいのですが、やがて、乳児期を過ぎるとこの特徴は失われ、今度は食べものを処理するために口の中には広い容積が必要となります。

◉赤ちゃんは乳汁を吸いながら呼吸もできる

さて、赤ちゃんが哺乳している様子を思い浮かべてください。リズミカルに飲んでいますね。私たちが何かを飲むときは口から飲みものを吸って、飲みくだすときに呼吸を止めなくてはいけません。ところが赤ちゃんは、口に乳首を含みながら、鼻で呼吸して上手におっぱいを飲んでいます。赤ちゃんは、喉頭の位置が大人より高いのです。そのため口から入ってきたおっぱいは、重力によって息を吸う気道の位置よりも低いところにある食道に流れていき、乳汁を吸いながら同時に鼻から息もすることができます。

◉探索反射で乳首をとらえる

また、赤ちゃんは反射でおっぱいを吸っています。生まれて間もなくは視力も弱いので、乳首を目ではとらえられません。ちょんちょんと頬や唇を突つかれると、そのほうに口が向かっていきます。これを「探索反射」といいます。そのおかげで、目で乳首を探すことはできなくても乳首をとらえることができます。また、吸啜《きゅうてつ》と嚥下《えんげ》もはじめは一体で、吸ったおっぱいはまとめられることなく、流れるように入っていきます。前項で述べたように、私たちがお茶を飲む場合はひと口含んで、口の中で塊にまとめてから嚥下します。赤ちゃんは口に含むことをせず、流し込むように飲んでいます。これらの反射はやがて統合されて、私たちと同じように随意的に食べることができるようになります。それまで、自分では何もできない赤ちゃんですが、生まれもった反射と哺乳に適した口の構造や機能のおかげで、安全に飲んでいることがわかります。

❸ 離乳期は咀しゃくの練習期間

◉離乳食は支座位ができるようになってから

離乳食の開始は子どもによって違いますが、だいたい5～6カ月ぐらいから始めるお母さんが多いようです。首がすわって、何かにもたれて座らせるか、お母さんが片手でも安定して抱けるようにならないと、スプーンを使って食べさせることができませんから、支座位ができるようになってから始められます。最初は、スプーンで少しトロミのある飲みものをもらいます。頬をちょんちょんと突ついてもらわなくても、耳で聞いたり目で見たりして、どこにスプーンがあるかわかるようになります。お母さんが口に運んで来るスプーンにもタイミングよく口を開けることができるようになります。

◉離乳初期の舌の動きと離乳食の形態

哺乳期はサラサラの乳汁を飲んでいました（乳児嚥下）。離乳初期では、舌の動きはまだ前後運動が中心ですから、口に入ったトロミのあるものに少し圧をかけて飲むところ（成人嚥下）から始まります。

もともと哺乳瓶をくわえて乳汁を飲んでいたので、その時は唇は開いて飲んでいました。離乳前期の間に、唇をしっかり閉じて飲むまでが目標です。離乳食を開始する前からスプーンで白湯や野菜スープなどを試みていれば、最初はゆるい重湯などから始めます。粒なし、なめらかでスプーンからタラタラ流れるほど

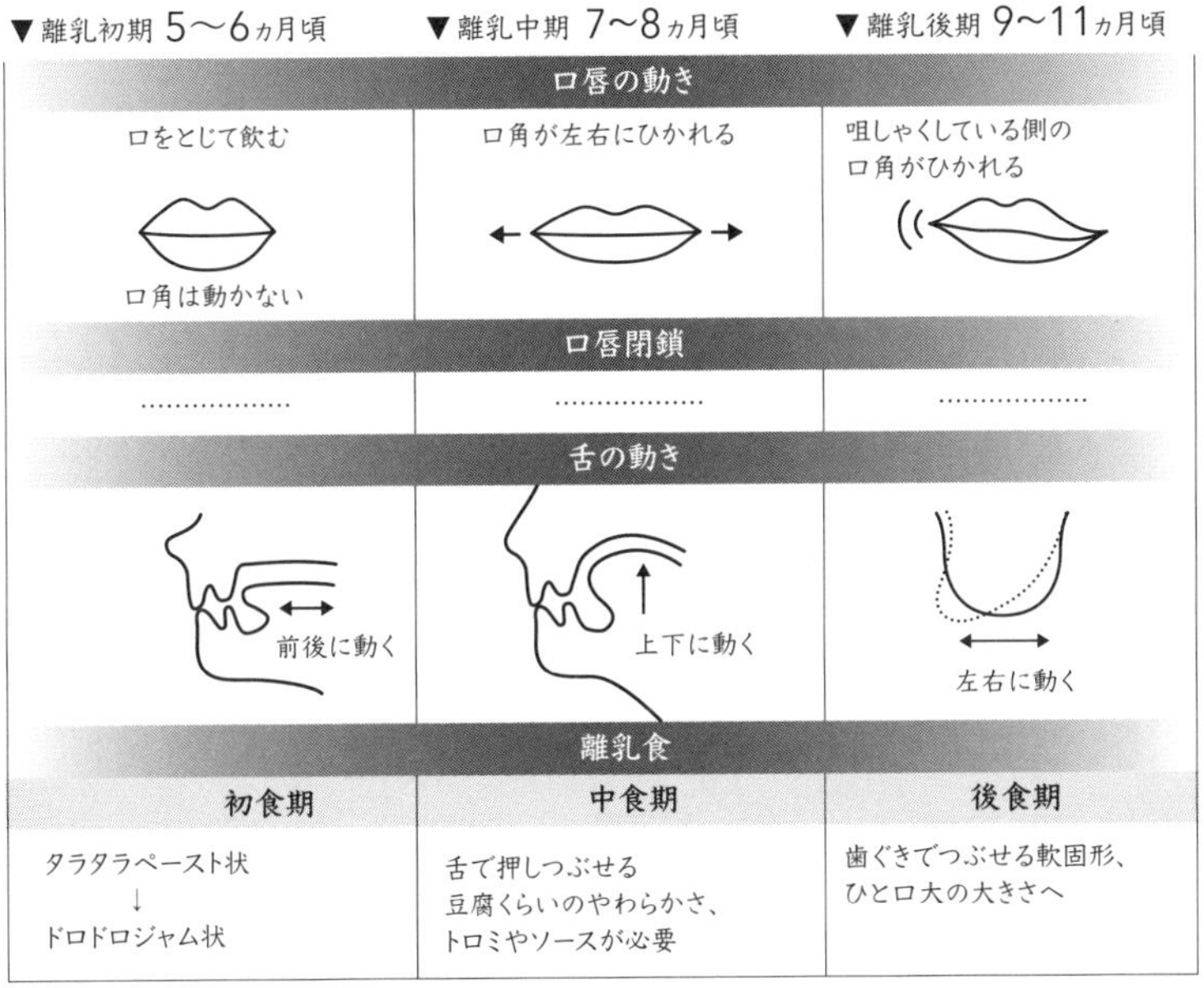

▼離乳初期 5〜6ヵ月頃	▼離乳中期 7〜8ヵ月頃	▼離乳後期 9〜11ヵ月頃
口唇の動き		
口をとじて飲む / 口角は動かない	口角が左右にひかれる	咀しゃくしている側の口角がひかれる
口唇閉鎖		
……………	……………	……………
舌の動き		
前後に動く	上下に動く	左右に動く
離乳食		
初食期	中食期	後食期
タラタラペースト状 → ドロドロジャム状	舌で押しつぶせる 豆腐くらいのやわらかさ、トロミやソースが必要	歯ぐきでつぶせる軟固形、ひと口大の大きさへ

山崎祥子『そしゃくと嚥下の発達がわかる本』（芽ばえ社）より作成

（表1）唇や舌の動きと離乳食のめやす

がよいのです。飲み込むのが上手になれば、少しずつ粘度を増し、ダラダラ、トロリまで試してください。

◉離乳中期の舌の動きと離乳食の形態

離乳中期では、舌は前後・上下と動きますから、軟らかい塊を舌で押しつぶします。カボチャのマッシュやふろふき大根など、舌で簡単につぶせる軟らかさ、なめらかさを試していきます。ゆでたイモ類なども固ければ、マッシュしてゆで汁を加えて硬さを調節します。まだ上手に唾液と混ぜられないので、舌で押しつぶすだけで飲み込めるような軟らかさがよいでしょう。

舌と上顎で食べたものを押しつぶすために上下の口唇がしっかり閉じ、口角が左右同時に引かれるのが見られます。トロトロの絹ごし豆腐状から木綿豆腐状へと、離乳中期の間にも食べものの形態・性質は変化します。

◉離乳後期の舌の動きと離乳食の形態

離乳後期になると、舌は左右にも動くようになり、噛む必要のあるものは、歯茎（まだ生えていない臼歯の位置）に運んで噛んでいきます。臼歯の萌出はまだでも、このころの歯茎は歯がそこまで上がってきていますから固くなっています。

しかし、歯茎では歯のようにすり潰したり噛み切ったりには限界があります。噛む力は弱いので、噛んでも噛んでも歯茎では噛み切れないものや、唾液と混ざりにくいものは避けます。固い肉・するめ・昆布を噛ませて練習するのは危険であり、丸飲みされる恐れもあります。また唾液と混ぜるのもまだ上手ではないので、軟らかく煮た根菜から始めましょう。薄い葉物、水分の抜けたモヤシ・固い肉・油揚げ・こんにゃく・団子などは避けましょう。白身の魚も焼くとすぐ乾燥してパサつきます。煮魚のほうが食べやすいでしょう。

また、噛む練習をするには、食べものを臼歯の位置に運ばなければなりませんが、そのためには舌の前方に食べものをのせてあげることです。舌の奥にのせると噛まずに飲み込むだけになると考えてください。

●乳児と幼児の顔の違いでわかる口腔の容積

さて、噛むためには、口の中で食べものを移動させることが必要になります。赤ちゃんと大人では口の構造に違いがあります。赤ちゃんのイラストを描く場合、丸い輪郭に対して目はだいたい顔のまん中くらいに描くでしょう。おでこが広く、目から下のほうが小さいぐらいです。幼児なら、顔全体が縦長の楕円になり、目の位置は上方に移動します。成長するにつれ、赤ちゃんと比べて目から下の口腔の容積が大きくなったことがわかります。つまり哺乳に適した狭い口腔容積から、離乳初期から後期に向けて、口腔容積が広くなって、噛んだり、唾液と混ぜ、口の中でまとめるなど、食物の移動がされやすくなります。

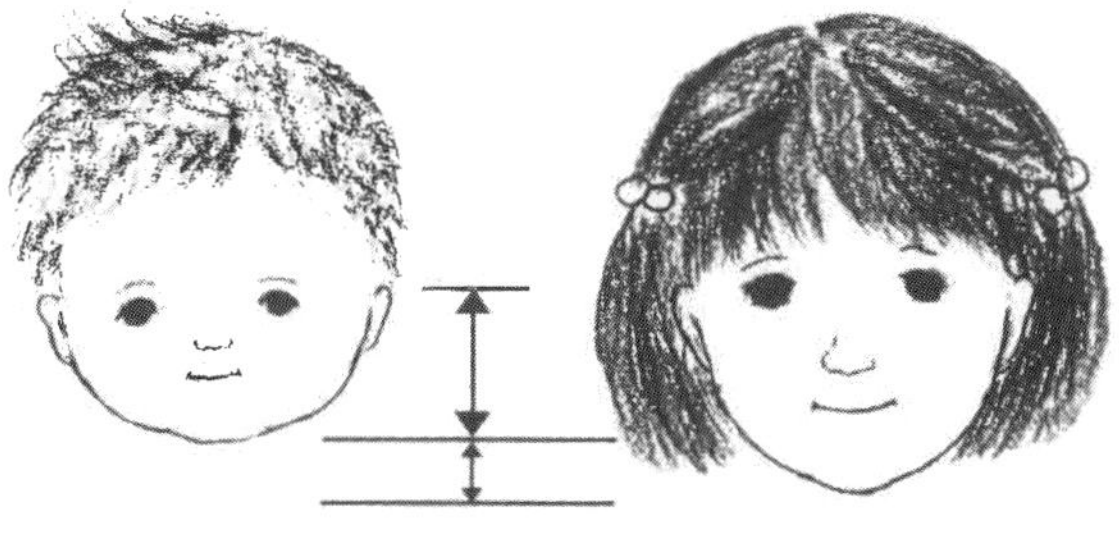

（図5）乳児と幼児の顔

❹ 食べ方を確立する幼児期

◉食べものを自分で口に運ぶ時期

乳児期は大人から介助されて食べていたのに対し、離乳完了頃では自分で食べるようになります。自分で食べるということは、単に自分の手で道具を使って食べるだけでなく、自分で適当な一口量がわかり、口に上手に運べるということが含まれます。

初めは手づかみ食べで、手全体でつかんだ食べものを手当たり次第に口に押し込むので、こぼれるほうが多かったり、大きなものを口に押し込んで目を白黒させたりします。やがて、口に入れやすい手のつかみ方、量の加減ができるようになります。

ここで、汚れるからといってお母さんが手を出しすぎると、自分で量の加減を覚えたり、指を使ってつまむことがうまくなりません。逆に量の加減ができずにむやみに口に押し込む子には、大人が一口サイズにして出すなど危険を回避し、適量を学習できる援助が必要です。

◉スプーンを持ちたいようだったら持たせましょう

スプーンを持ちたい意欲が出てきたら、いつからでも持たせてあげてください。スプーンを口に運ぶ方向がうまくいかなかったり、スプーンが大きいと1回量が多くなることもあります。手指の機能が発達するまではこぼれることのほうが多く、手とスプーンの二刀流の時期です。やがて、スプーンやフォークが上手に持て、口が迎えに行かなくとも安定して口に上手に運べるようになります。

◉大人との楽しい食事場面を

ちょうどよい口に入る1回量を学んだり、熱いものや初めてのものに挑戦できるのは、信頼できる大人との楽しい食事場面です。よいお手本があり、声かけに応じる関係性の中で発達していきます。食べものを口に入れることに夢中になっているのではなく、食卓を囲む大人の様子も見て、「おいしいね」と共感できる関係があってこそ、食べることが上手になっていくのです。

◉この時期の〝食べない〟は「好き嫌い」ではない

幼児期はみんなと食べるようになり、嗜好傾向、食べ方、食リズムが確立してくる時期でもあります。逆に乳児期の「食べない」は好き嫌いではなく、一貫もせず、通過点と思ってやり過ごしましょう。幼児期の好き嫌いは、理由を探って対応します。どの時期でも無理強いは不要です。

5 コミュニケーションの発達

❶ 食事は大人と子どものコミュニケーションの場

哺乳も離乳食も、食事は大人と子どものコミュニケーションの場です。

子どもたちは、1歳前後に初めて意味のあることばをしゃべり始めます。でも、しゃべり始める前からコミュニケーションは発達します。コミュニケーションは赤ちゃんと大人との相互交渉です。

新生児期から、お母さんは子どもの泣き声や体の状態を見聞きし、「おなかがすいたの」「暑かったのね」と声をかけます。赤ちゃんは意図して泣いているわけではないのですが、お母さんはそこに意味を見い出していきます。お母さんは赤ちゃんの泣き声に意味づけをし、それをことばにして返すことによって、やり取りをしているようなコミュニケーション的構造をつくっていきます。

3カ月くらいになった赤ちゃんをあやすと、声を立てて笑うようになります。これは大人の働きかけに対して出るコミュニケーション発達の重要な指標です。

4カ月頃では、まだ上手に持てないおもちゃを手に持たせるたびに、「欲しかったの」、「どうぞ」「じょうずに持てた」と、お母さんは一人二役で、「誘う―応答」、「問いかけ―応答」を演出しています。

5、6カ月は離乳食が開始されるころですが、この場面でもお母さんの主導で、「食事への誘い―応答」を赤ちゃんがそう言っているかのように察して、やりとりしていきます。「アーン」→「パク」、「欲しいよ」→「どうぞ」と、ここでもお母さんの一人二役の声が聞こえてきます。

8、9カ月になると、お母さんの「赤ちゃんはこう言っている」という一方的なコミュニケーションから脱し、子どもからも誘いかけるようになってきます。お母さんの身振りやことばを理解し、まだ意味のあることばは言えませんが眼差しや発声で応じるようになります。

❷ 体と心の〝栄養の時間〟

離乳食を含め、食事とは単に口腔の機能の発達を促進し発音の基礎をつくるだけでなく、コミュニケーションの場となる大切な場面です。また、これほど子どもからの要求や拒否が出やすく、大人からの働きかけに対して反応しやすい場面は、他にはありません。

子どもは生活や遊びを通してことばを学びますが、離乳期の親子にとって、食事場面ほど濃厚なかかわりをもてる場面はないと思います。言語やコミュニケーションの発達が促される大切な時間です。この時間は、体の栄養だけでなく、「おいしい」の共有が心の栄養になります。

II　摂食機能の発達が気になる子どもたち

―問題はなぜ起こる? 要因を探りましょう

離乳食がすすまない、噛まない、食べないなどの問題がなぜ起こるのかについて考えてみます。その要因はたくさんありますが、以下の三つの要因に絞って述べます。

1

感覚運動体験の不足

離乳食がすすまない、食べものが広がらないときの要因として見てみましょう

❶スプーンに慣れていますか

離乳を始めるにあたっては、赤ちゃんがスプーンを口に入れることができるようになっていなくてはいけません。乳汁は、ママのおっぱいで、ミルクは哺乳瓶で飲みますが、離乳に向けてはスプーン（小さなおちょこのようなコップでも構いません）で液体を飲む練習が必要です。離乳を始める前に、ちょっとお試しにあげる白湯や汁の上澄みを、スプーンでお味見させて、スプーンに慣れさせましょう。

スプーンは、乳首しか口にしたことのない赤ちゃんにとって、初めは異物です。舌で押し出してくるかもしれません。スプーンを口に入れることができなければ、離乳は始められませんので、首がすわった頃から少しずつ練習していきます。

❷ 偶然唇に触れたものを吸うのも大事な経験

さて、赤ちゃんのこんな行動に驚いたことはありませんか？　枕元に置いてあったガーゼや、顎にかぶったベビー服の襟、お母さんの指など、偶然唇に触れたものを吸っている赤ちゃんがいます。赤ちゃんは口に触れたものを吸ってしまいます。

生まれて百日目の「お食い初め」の儀式に、地方によってタコの足や大根の漬けもののしっぽ、丸みのある石が供されるのは、ちぎれず安全なもので、「乳首以外のものも口にしよう」と経験させているのかもしれません。

食べられないときから、徐々に一番敏感な唇にスプーンや玩具が触れることで、乳首以外のものに触覚が慣れていくのです。食べる前から、さまざまな材質のものを口にすることで、食べる準備をしていると考えられます。だからこそ、何でも口に持っていく赤ちゃんに、安全と清潔には気をつけながら、経験を保障してあげることが必要です。スプーンだけでなく、さまざまな食べものを試していかないと、経験不足で離乳食を進みにくくします。

❸感覚過敏の子もいますが、無理強いしないで、追い詰めないで

一方で、経験させようとしてもなかなか受けつけない子もいます。その中に、感覚過敏の子どもたちがいます。1歳を超えても白いご飯しか食べられないなど、気になる子どもたちがいます。成長にも影響があるなら、迷わず小児科医に相談しましょう。保育所では白いご飯しか食べなくても、成長は平均以下でも、元気に活動しているなら、家庭では外食（ファストフードも含めて）、おやつや飲みものなど、何か食べられるものがあるのかもしれません。ご飯しか食べないと言いながら、牛乳をいっぱい飲んでいる子もいました。

無理強いしなくても、周りがおいしく食べる様子を見せながら待つだけで、大丈夫な場合が多いのです。追い詰めない、否定的なことを言わなくて大丈夫です。特定のものしか食べないのはその食べものは得意なんだ、興味があり大好きなんだと考えて、その性質をよく知って工夫してみましょう。

たとえば、白ご飯が好きなら、白ご飯を安心しておいしく食べさせてあげてください。ご飯を炊くときに胚芽米を少しずつ加えて栄養を上げるのも一つの方法です。上質のふりかけ、白にこだわっているなら白いパンや豆腐などを試すなど、今食べているものから工夫を考えましょう。

五感が未熟な段階では味、触感、匂い、色、形などに敏感です。感覚を広げるには、食べものだけでなく、遊びや生活を通して発達を促します。遊ぶときは何でも触れる、衣類もこだわらないなら、あまり神経質になる必要はありません。

2 不適切な食環境

❶食環境とは

◉上手に食べるために食環境を改善しましょう

食環境とは、食事を与える大人の与え方、食材やその調理方法、味付け、スプーン・コップ・皿などの食器、椅子やテーブルなど子どもが食事をするときの環境です。安全においしく食べる食事場面を作ることが大切です。

子どもが上手に食べてくれないとき、直接子どもを何とかしようと指導するより、食環境を改善することで問題を軽減したり、発達促進を図ることができます。

離乳期はまだ、子どもは自分で食べものを口に運ぶことができません。与える大人と子どもの両者で作るコミュニケーションがうまくいってこそ、安全で楽しい食事場面になります。しかし、子どもの発達に合わない与え方をしていると、とりあえず口に入ったものを飲み込むことで何とか処理しますが、飲み込むだけでは次の嚙む発達への準備がおろそかになります。

◉食事の与え方

子どもの発達に合わない与え方とは、どんなことでしょうか。

たとえば、次のようなことです。

▽まだ口の容積が小さいのに、大きなスプーンで大量に口に入れる

▽食べものを口の奥に入れる

▽スプーンを入れるタイミングや引き抜くタイミングが子どもに合っていない

▽まだ口に食べものが入っているのに次々と入れる

▽大きなコップで流し込むように飲ませる

食欲があって、あっという間にたくさん食べる子どもは、一見上手に食べているように見えます。でも、押しつぶしや咀しゃくしないまま丸飲み込みをしていないか、よく見てください。それでは、咀しゃくがしっかり育たないまま幼児期に入ってしまいます。

◉その子にあったテーブルや椅子は大切な環境

また、その子に合ったテーブルや椅子が用意されていないことが、上手に食べられない要因になることがあります。大きすぎる椅子は骨盤が後傾し、体幹がそっくり返っていたり、背中を丸めたりします。高いテーブルでは子どもの顎が突き出て見上げるような姿勢になり、嚙みにくい姿勢です。足底が床（椅子につけられた足底板でもよい）につき、しっかり自分の体幹を立てて重い頭部を支える姿勢作りが、嚙むことや安全に飲み込むために必要です。（P71図6参照）

◉その調理方法でいいですか。例えば肉のミンチ

調理方法が、発達に合っているかどうかも大切です。市販の離乳食は便利ですが、パッケージに書いてある月齢が、実際の子どもの発達に合っているか心配です。大人がまず味見してください。押しつぶしをしている中期食の子どもなら、大人も自分の舌でやさしく押しつぶしてみることをお勧めします。

離乳中期の献立にミンチが使用されていることがあります。ミンチを例に調理方法を考えてみましょう。ミンチ肉はスープにそのまま入れて加熱すれば硬い粒々状態になります。この「そぼろ」状になった肉の粒は子どもにとって非常に難しい食べものです。固いパラパラの粒は唾液と混ざらず、まとまりにくいので、口の中に残る可能性があり、危険です。口に入ったら、口中で広がらないうちに丸のみします。飲めなかった粒は吐き出すこともできないで口に残ることもあります。

もし中期食にミンチを使うとすれば、押しつぶしがしやすいように豆腐や麩を混ぜるなど軟らかい団子状にしましょう。このふわっとした団子の塊なら舌で押しつぶすことができ、ばらつきません。後期食でも、噛んで唾液と混ざりやすくするために、トロミをつけた煮込みハンバーグや中華あんをかけたミートボールなら安全ですし食べやすくなります。

◉スプーンの大きさは口に合わせて

次に、スプーン、箸、コップについてみてみましょう。

スプーンは、大きさや形を子どもの口に合わせることが大事です。大きなスプーンでは大量に食べものが入る可能性があり、しかも食べものは口の奥におかれ、その結果、何回も分割して飲み込む必要が出てきます。「すぐ出すから」、「早く食べさせたいから」などと大きなスプーンを使うと、スプーンのボール全体が口に入らないとうまく取り込めません。大きく口を開けさせれば口の奥のほうに食べものが入り、噛むことにつながりません。

また、スプーンのボールが深すぎるものは食べものを上口唇でこそげ取ることが難しいので困ります。スプーンにのった食べものは上唇でこそげ取れば舌の前方にのり、押しつぶしや咀しゃくにつながります。ですから、口に入るくらいの小さなスプーンがよいのです。私たち大人でも、鍋や中華料理で使う深い「れんげ」で、中の食べものを取り込むのがとても難しいものです。啜ったり、流し込んだりするでしょう。

◉箸の持ち方とその機能

「何とか早くお箸を持たせたい」と、スプーンもまだ上手に持てない子どもに箸を持たせている大人を見かけます。子どもが持ちたがる場合は、いつからでも「手づかみ」、「スプーン」とともに安全に気を付けながら持つ機会は与えればよいでしょう。しかし、箸だけで何でも食べることができるのは就学以降です。料理に合わせて手づかみ・スプーン・フォークも併用するほうが、上手に食べることができます。

箸は持ち方とともにその機能を広げます。「握り箸」の段階では、二本の箸は一本の機能ですから「つまむ・挟む」ことはできませんが、「すくう、かきよせる」くらいはできます。お椀に入った「うどん」などがひっかかりやすく、「かきよせる」練習に適しています。

箸が上手に使えるには、鉛筆を親指・人差し指・中指の3指で上手に持てるような、指先の器用さが必要です。鉛筆は1本、箸は2本ですから、うまく使えるには自分で意識して指の動きをコントロールする力が要ります。指の発達が未熟な子どもが箸を持てば、2本の箸を1本の棒状にまとめて持つことしかできませんから、お箸はかき込むための棒になってしまいます。

かき込んで食べると、一度に大量の食べものが口に入ります。口の奥まで食べものが入ってしまいますから、飲み込むしかありません。食べものは舌の先にのせなければ噛むことにつながりません。箸であれ、スプーンであれ、かき込んで食べてしまうと、丸飲み、早飲みになります。箸は、箸として使えるだけの手指の能力、目と手を協調させる能力がしっかり発達するまで待ってあげましょう。あわてる必要はありません。

◉コップの大きさは?

コップが分厚い、大きい、重ければ、下唇に固定できず深くくわえて流し込みになります。コップは薄い小さめで軽いのがよいです。

◉日常生活や遊びの中で食具を使う能力も育っていく

食具を使うことは食事中に練習しなくても、お絵描き、ボタンはめ、ハサミ、粘土遊びなどの指先を使う日常生活や遊びの中の活動を通して育っていきます。食事時間は「おいしく食べる」を最優先しましょう。

3 病気や障害と摂食機能の発達

❶ 障害により、一人ひとりその症状は異なる

重度の運動障害や知的障害を持つ子どもの多くが、摂食機能の発達にも遅れをもちます。運動障害では、姿勢の保持、手先や口腔器官の運動に影響が出る場合があります。知的障害では、食べものをしっかり認知できなくて、量の加減、咀しゃくや食具の使用の学習がゆっくり発達しますから、自分で上手に食べるようになるまで時間を要します。

また、自閉症スペクトラム障害の子どもの中には、感覚過敏が強くて、特定のものしか食べることができない時期が続くことがあります。

自閉症スペクトラム障害・ダウン症・口蓋裂など子どもの障害名を聞くと、書籍やネットから一般的な症状や対応はわかります。しかし、目の前の子どもにかかわるための情報としては不十分です。同じ障害名でも一人ずつその症状は違います。また、同じ子どもでも、発達の段階により援助目的や方法は変わっていきます。専門家・保護者によるチームアプローチが必要です。

❷できること・得意なことから援助する

子どもをよく観察して、「できること・得意なこと」と、「できないこと・苦手なこと」を両面から把握しましょう。同じ状況でも、今できることをしっかり評価すれば次の段階がわかったり、今の発達を充実させることができます。

例
好きな食べものがある――好きな食べものが少ない	
食べることに集中する――集中して食べるあまり周りの様子を見ていない	
自分なりのルールや決まりを守る――柔軟的に行動するのは苦手	
半分は食べる――半分しか食べない	
目で見たことは理解しやすい――耳で聞くことばでは理解しにくい	

同じ状況でもできる側からみるか、できない側からみるかで子どもに対する見方が変わります。「できること・得意なこと」からとらえると援助が広がります。

指導の目標はどこに置くといいのでしょうか。同年齢の子どもと同じようになることを求めすぎてはいけません。障害があっても、同じ道をゆっくり歩んでいきますから、その子にとっての次の発達課題が何であるのかを見定めて、無理しないで少しずつ伸ばしてあげてください。

❸感覚過敏の子にも得意な感覚から体験を広げる

知的発達に遅れのない自閉症スペクトラム障害をもつ子どもの中には、ことばやコミュニケーションの発達は気になっても、障害とまではなかなか気づかないときがあります。そんな時、食事に関するこだわりや、食べるものが幼児期になっても偏っていたことから気づかれた例がありました。

遊びや生活の中では、さらさらの砂には触れるが泥んこは嫌がったり、床は平気でも人工芝やざらつく地面は裸足で歩けない、特定の衣類しか身に着けられないなど、感覚過敏が見られることがあります。

お母さんから、じつは赤ちゃんの時、抱っこしても抱きついてくれず、抱きにくかったという話もよく聞きます。また、白いものしか食べられなかった子や、舌でざらつきを感じると嫌がる子、プリンやゼリー状のトロリとしたものを食べることができなかった子もいます。感覚は触覚とは限りません。色、味、匂いにも過敏があれば、いろいろな食べものをなかなか受けつけられません。

ここまで極端でなくても、限られたものしか口にしない子どもたちは、どんな感覚に過敏なのか、その要因を探る必要があります。大丈夫な感覚、苦手な感覚に注目して、得意な感覚から広げます。もし味覚や口に入った時の触覚が問題だと感じたら、口にしなくても、見せる、匂いをかがせる、手で触れるだけならどうなのかなどと、徐々に体験を増やしていきましょう。ステンレスのスプーンが苦手なら、金属だけでなくシリコン、木、プラスチックなどさまざまなものがありますから、試してみてください。

もともと乳汁しか飲んでいない赤ちゃんはみな感覚過敏ですが、徐々にお試しし、信頼できる周りの大人や子どもの様子を見て食べられるものを広げていきます。就学時期を目途にするくらいゆっくり考えてください。障害があると順調に進むとは限らず、障害の特徴や発達段階に合わせて時間をかけて進めていきます。障害を早期に発見し、診断がつかなくてもその症状に対応すれば、発達促進や二次的問題の予防になります。

大人になっても苦手なものは誰にでもあるものです。前に食べてみたら、気分が悪くなった、臭いが耐えられなかったなど、大人だって「食べて食べられなくはないけど、食べたくないもの」から、「いくら体に良いといわれても、それだけは苦手」まで、ありますね。一口だって無理強いされたくありません。健康な子どもでも障害を持つ子どもでも、感覚器官は未熟で発達途上ですから、何でも食べられるわけではありません。大人のみなさんと子どもたちは違いますし、大人同士でも一人ずつ異なります。同じものを見ても、食べても、五感の感じ方はそれぞれ違うことを想像してください。ましてや子どもです。子どもに作物の収穫を経験させたり、調理法で味や香りを変えて食べてみる経験を広げながら、ある時何かの機会に食べられるようになるその日まで、待ってあげてください

❹ みんな（医療機関、発達支援施設、保護者）がコミュニケーションをとりあって

さて、障害をもつ子どもたちの多くは、医療機関や発達支援施設に通っています。そこでは、さまざまな専門家が子どもと家族を囲んでいます。互いの機関が連携をとって、より良いかかわりや目標を共有することが大切です。文書の交換も有効ですが、訪問しあえる時は現場に赴き、理学療法士、作業療法士、言語聴覚士、心理士、学校の先生、保育所の先生、保健師、栄養士、ヘルパー、指導員など、その子を取り囲む専門家が子どもと家族を中心にネットワークを作り、一方通行でなく相互に情報を共有できるような環境を整えたいものです。

子どもについて一番情報を持っているのはお母さん（保護者）です。その子の〝プロフェッショナル〟であるお母さんの話に耳を傾けましょう。しかし、お母さんから専門家の意見を伝え聞くより、また文書に要約されたことばより、直接連絡を取り合い、カンファレンスを持つ機会があれば、なおいいですね。なまのことばで気づかされることが、多くあります。かかわるみんなが互いにコミュニケーションをとりあいましょう。

III 食のさまざまな問題

―離乳中期の重要性と幼児期以降の問題点

離乳食が進まない、噛まないなどの要因についてはII章で述べましたが、ここからは問題を予防的に防ぐための注意や対策について述べていきます。

1 事故を防ごう ―泣いているときに食べものをあげてはだめ

誤嚥《ごえん》を防ぐために、避けてほしいことがあります（Ⅰ章3 飲み込むときに危険がある 参照）。

飲み込むこと（嚥下《えんげ》）と、呼吸のタイミングがうまく協調しないと誤嚥が起こりやすくなります。誤嚥は障害を持つ子どもの問題で、健康な子どもではそんなことはあり得ないと思う人もいますが、そんなことはありません。実際、泣いている赤ちゃんに無理やりおっぱいを飲ませたり、食べものを口に入れとむせることはありませんか？ むせているのは危険信号です。泣いているときは口呼吸をしています。泣き声を「エーン」と出した後は、息を口から吸い込みます。その時に口に食べものや飲みものが入っていれば、息と一緒にそれらが気道に吸い込まれてしまいます。泣き声にうがいのようなゴロゴロした音が混ざったら、声帯の上に飲みこんだ食べもの・飲みものがのっているのです。そのまま食べものが気管に引き込まれる可能性があり、大変危険です。子どもが泣いている時に、口を開けたからチャンスとばかりに、食べものを入れてはいけません。泣き止むまで待ちましょう。

まさかのときに事故は偶然起こるものです。ぜんそくや風邪で咳をしているときも誤嚥が起こりやすくなります。また、眠くて意識が朦朧としている場合も危険です。

2 離乳中期の留意点

――発達を妨げる「刻み食」に注意

私は、食べる機能の発達に関して、ポイントになるのは離乳中期から後期だと思っています。離乳中期は、舌と上顎の間に軟らかい固形の食べものを挟んで押しつぶし、嚥下することを学ぶ時期です。押しつぶしたときに、「これはこのままではつぶれない」、「これは飲み込んでも大丈夫」などと、舌と上顎で感じとり、判断できるようになるのです。舌はたいへん細やかな動きをもつと同時に、いろいろな感覚を入力する器官です。食べものを舌と上顎の間に挟んで、味覚、触覚、温度覚といったさまざまな感覚を入力します。この情報が、「あっ噛まなくちゃ」と判断して臼歯に送る力になります。離乳食中期は、舌がセンサーとして働く基礎をつくる時期なのです。

センサーをうまく働かせるには、食事をさせる大人の役割が大きいと思います。中期の離乳食は、最初は軟らかくてなめらかなプリン状や、真冬のかぶのようなトロトロ煮物が主になります。やがて食材を広げるうちに、大人は、硬いものも小さくすれば食べられるのではないかと考え、舌でつぶせない固いものは、刻んで食べさせようとすることがあります。「中期の子どもは歯茎で噛めないだけだから、初めから刻んだら食べられる」と刻み食にしてしまうのです。

「刻み食」は押しつぶして食べるようなものと違い、舌で押しつぶせばどうしても刻まれた粒々が口の中でばらつき、まとまりにくいものです。大人なら、刻み食でも噛んで唾液と混ぜて食塊にします。しかし、赤ちゃんの場合、まとまりにくいのでそのまま飲み込んでしまいます。ですから、口に入れたとたんゴックンと飲み込めば、上手に食べているように見えますが、次のカミカミにはつながりません。このように、離乳中期の赤ちゃんは、口に入った食べものを押しつぶすことができないので、吐き出すか、そのまま飲み込みます。吐き出されないようにと、大人ができるだけ口の奥へ奥へと食べものを入れると、舌のセンサーが育ちません。しかも、子どもは奥に入った食べものを前に戻すことは下手ですから、飲み込むしかありません。

子どもはやがて、舌が左右にも動くようになって（離乳食後期）、初めて臼歯のところ（まだ歯は生えていません）に食べものの塊を運び、歯茎で噛むことを始めます。それまでの大事な期間に飲みこむことばかり覚えると、大変です。刻んだら何でも食べられると錯覚してはいけません。離乳食中期の刻み食は、早飲み込み、丸飲み込みの子どもを育てかねません。早すぎる刻み食ほど怖いものはないのです。硬いものは、いくら刻んでも唾液と混ざりにくく、食塊を形成しにくいのです。

では、刻み食は一切だめかというとそうではなく、調理方法によると思います。離乳食中期に刻んでまで食べさせる必要がある食材があるとは思えませんが、どうしてもということなら、トロミがあるまとまりやすい食品に混ぜてみることは考えられます。中期食も後半になれば、マッシュしたイモやカボチャに混ぜておけば食べやすいかもしれません。

この時期は硬いものを刻んで与えるより、人参・大根・イモ・カボチャなど、根野菜を軟らかく煮たもの中心がよいでしょう。繊維の多いものや舌で押してもつぶれないものは避けます。舌で押しつぶせる力も、中期のはじめと終わりでは成長します。いったんマッシュしたカボチャなどをスプーンでまとめたものから、ふっくら煮たままのカボチャで大丈夫となっていくので、口角のひかれ方や口の中の食べものの変化、吐き出してこないかなど、様子を見てください。唾液と混ぜるのがまだ下手なので、食材自体がジューシーであることやトロミが必要です。

3 離乳後期の留意点
―咀しゃくが難しい生野菜

離乳中期になると、形がある軟らかいものを押しつぶして食べます。押しつぶしている最中の唇は、口角が左右に引かれてスマイルしているようです。やがて、唇の引き方に左右差がでてきたら、左右の臼歯の位置（まだ生えていませんが）で噛みしめることが始まったということです。後期食への移行の合図です。

大人にとって、生野菜は食物繊維や栄養を摂るためにとても大事なものですが、子どもの場合は、まだ繊維をそんなに摂る必要はないはずです。基本的に野菜には苦味のあるものも多く、大人にはおいしい苦みも、子どもは大人以上に苦みに敏感で、受け付けないことがあります。にもかかわらず、生野菜を早く食べさせたいという大人は多いように思います。

この時期難しい食べものは、噛んでも噛んでも歯茎では噛めない練り製品（上等の生かまぼこは難しいですが、おでんのよく煮た練りものは大丈夫）、果物では梨やリンゴ、野菜ではレタスの緑の葉の部分やキュウリのように、唾液と混ざらずまとめにくい食べものです。離乳後期は、舌を何とか左右に動かせるようになりますが、薄い葉を噛み続けるほど舌は動きません。

また、歯はまだ生えていないので、歯茎でつぶせる軟らかさが必要です。レタスで例えるなら、緑の葉は薄く噛みにくいのですが、白い部分は肉厚で噛みやすいですね。薄い葉は上顎や舌に貼りついたりしますし、何回か噛めたとしても唾液と混ぜるのが難しいのです。その点、ジャガイモやカボチャ、根野菜は、厚みがあり上下の歯茎に挟んでいる感覚があり、歯茎でつぶして唾液と混ざりやすく、噛むことの練習になります。

1歳前の子どもでしたら、「生野菜を摂らなきゃ」、「ビタミンCを摂らなきゃ」と神経質になる必要はないと思います。咀しゃく機能の発達のほうに神経を配りたいものです。

しかし、レタスやリンゴを食べさせてはいけないと言っているわけではありません。小さな子どもには難しいことを承知して調理法を工夫すればいいのです。マッシュポテトの中に、刻んだキュウリやレタスを混ぜてもいいですし、リンゴなら水煮にしてもいいでしょう。

発達には個人差がありますから、発達が早く、とても上手に食べる子の場合は、その子に合わせて進んでください。子どもの発達は、引っ張って持ち上げるのではなく、伴走する気持ちで進めてください。

4 離乳食の移行は行きつ戻りつしながら

離乳食は、初期食が終わったら中期食、中期食が終わったら後期食と階段をトントン上るように進める必要はありません。食材によってトロトロに調理しないと食べられないものもあり、子どもの調子もありますから、初期食の途中から中期食の練習をし始め、中期食が上手になったら時折、後期食を試してみることが大切です。ある日突然変えるのではなく、タラタラのスープをあげているときに、ちょっとドロッとした塊をあげてみて様子をみる、カボチャもイチゴも完全に潰さず様子を見ることです。プリンやヨーグルトが上手に食べられるのなら、それより少し硬い豆腐を1センチ角に切って臼歯の位置にのせてみてあげましょう。行きつ戻りつで良いのです。

食べられるかどうかは子どもが教えてくれます。うまく押しつぶしたり、噛みしめる場合もあれば、押し出して「食べられないよ」とサインを出す場合もあります。このように試してみて、「うまくいったから、またあげよう」、「うまくいかなかったから、もう3日待

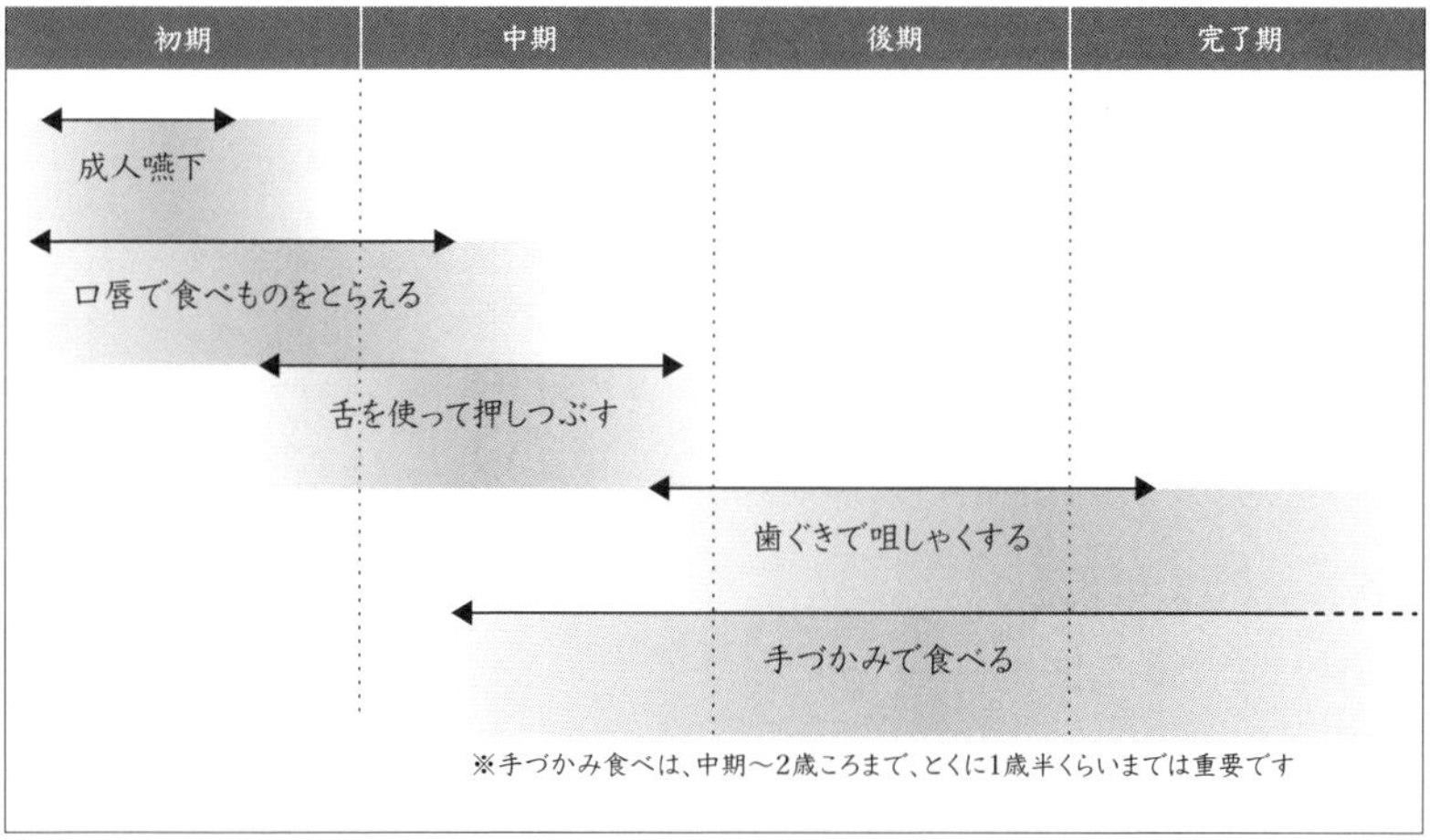

（表2）食べる機能の発達

とう」、「1週間待とう」と試してみることが大事です。

障害のある子どもたちは、栄養士や言語聴覚士から指導を受けていても、家庭ではその通りに試せないことがあります。初期食と言われたらずっと初期食、中期食と言われたらずっと中期食ということになりがちです。お母さんも、「うまく飲み込めなかったらどうしよう」と、次の段階を試すのが怖くなるのです。安全に気を付けて一口ずつ試していけばよいと思います。

市販の離乳食には「○カ月より」などと書かれていますが、この表示にとらわれないことが大切です。自分の子どもの発達に合わせてうまく使うようにしましょう。

食卓の大人の食品をつぶして、食べさせてみるのもいいですね。みそ汁の中に豆腐や根菜があれば、一口分だけスプーンでつぶしたり、切り取ってあげてみてください。お母さんが疲れているときや、一品足りない時は、市販のベビーフードもうまく使いましょう。大人もお惣菜を買ってきて、ゆとりをもって子どもと付き合う時間を作ればいいのです。ただ、大量に食べるようになったら、できるだけ自家製のものにしてほしいと思います。販売されている惣菜などは大人向きの味付けで、「おいしい」のもとになる塩分や油分が多く、乳児期・幼児期前半の子どもには負担があります。家族で食卓を囲めば、硬さや粘度もその場で調整できますし、メニューも広がります。

大人は、座ったらハイハイ、ハイハイしたら歩け、歩いたら走れ、というように発達を縦に見る傾向がありますが、同じ発達段階でも横に経験を広げてあげることも大切です。たとえば、押しつぶしの離乳食の段階なら、味や素材感に慣れるように、いも類、大根、ニンジン、カボチャ、豆、肉、魚と、食材を広げます。中期食の初めはゆるいペースト状から始め、中期食の後半では粗微塵や少し形があるものにします。また味や温度、匂いのあるものも工夫して、食材の種類や調理方法を広げていきます。子どもは見る、聞く、さわる、匂いをかぐといった経験を積むことが、いろいろな食べものを摂り込むことにつながっていきます。

5 幼児期以降の問題点

離乳食が終了して、移行期を終えた幼児期から学童期に見られる食行動の問題を考えてみたいと思います。「噛まない」「丸飲みする」などいろいろな心配がありますが、飲み込まないことにも丸飲みすることにも理由があり、それを探ることから始めましょう。

❶「噛まない子」には、「噛めない子」「噛もうとしない子」もいます

「噛まない」という訴えで相談を受けますが、よく聞くと、「噛めない」場合と「噛もうとしない」場合があります。例えば「噛めない」のは、噛む力に弱さがあり、「噛もうとしない」背景には食べたくないという理由があるととらえてみると、問題点を整理できるかと思います。

◉軟らかい物は丸飲み、固い物は噛む子

「噛まない」と感じたとき、なにをあげても噛まないのか、どんなものなら噛むのか、見てくださ

い。以前に受けた相談では、ご飯や軟らかいものは丸飲みするけど、せんべいのような乾燥したものはバリバリ音をたてて噛んでいました。その子が噛む力は持っていることは明らかです。肉じゃがの軟らかいジャガイモは丸飲みでしたが、外がカリカリしているフライドポテトはそのままでは飲み込まないこともわかりました。コロッケではカリッとしたパン粉がついているので噛んで食べます。同じジャガイモでも、調理法によって噛むことがわかりました。

また、ご飯なども噛まないで飲み込むことがずっと続くわけではありません。噛んで唾液と混ざったほうがおいしいことにやがて気づきますから、その時まで調理法で工夫すればよいと思います。

ご飯は少し大きめのラップ握りでまとめると前歯で噛み切り、やがて奥歯で噛むようになりました。子どもに合わせて工夫がいります。

◉噛む力が弱い子の場合

噛む力が弱くて噛み切れなかったり、噛んでも噛んでも唾液と混ざらないので、やむなく飲み込んでいる子もいます。また、飲み込める状態(唾液と混ざって軟らかい塊になる状態)にならないので「噛めない」と感じて口にためる子がいます。そんな場合は、例えば焼き魚は噛めないが、煮魚なら食べやすいかもしれません。

気になるのは噛む練習と称して、この子たちに、干し大根やするめを与えることです。もともとしっかり噛める子どもなら、噛めば噛むほどおいしくなるので素敵なおやつです。でも、子どもの力と食べものがかけ離れていては、発達援助にはなりません。少しの努力で処理できるものから練習を始め、徐々に自信をつけてあげてください。

◉「噛もうとしない子」の場合

「噛もうとしない」子には、噛むことによって感じる味、素材感などに嫌悪があって、噛まずに飲み込もうとしている場合もあります。これは、無理強いしなくてよいでしょう。遊びに行きたくてうずうずしている子どもの中には、ゆっくり食事を楽しむよりその場を離れたくてどんどん口に入れてしまう子もいます。〝食事時間が一番楽しい〟と感じてもらうことが大切です。大人から「おいしいね」、「噛んだら音がしたよ」などと、楽しく話しかけをしましょう。食事以外の場面でも、人と交わることの楽しさを感じるよう援助することが大切です。

❷「丸飲み」する子

◉食べるものによっては噛むなら問題なし

丸飲みの子どもは、食欲があるから、噛むのももどかしくて丸飲みしてしまっている場合があります。カレーライスは丸飲みでも、食事によって噛むようなら、特別な問題はありません。そのような子には「ゆっくり」「何回も噛みなさい」の声かけも通じるはずです。「カレーの中に大きなニンジンがあったね」「お肉入っている?」など、噛むべきものとして素材が認識されるよう、お皿に注意を向けてあげてください。

◉なんでも丸飲みする子の場合

いつもなんでも丸飲みする傾向があるなら、離乳中期でゆっくり押しつぶして嚥下《えんげ》する段階から、学習がうまくいかなかった可能性があります。たとえば、押しつぶし嚥下を学習するはずの時期に、大きなスプーンでたくさん食べものを口の奥に入れると、舌と上顎のセンサーがちゃんと働かず、噛まなければいけないものか、噛まなくてもいいものかの識別をしないままに、飲み込むことを覚えます。遊びや生活から発達全体をよく見てください。

咀しゃく練習を重ねていく1歳代には、食べものによって噛み方を学習していくので、全体がゆっくり発達しているのか、食事だけの問題なのかを見ましょう。

❸「飲み込めないで口にためている」子

◉噛んで唾液と混ぜてまとめなければ飲み込めない

飲み込めなくて、口にためたまま困っている子がいます。飲み込める状態に食物が処理できないのです。

咀しゃくとは、単に細かくするのではなく、唾液と混ぜてまとめることです。ただ噛みくだくだけが咀しゃくならば、硬いものは初めから刻むなり、金槌で粉々にすればいいということになりますが、金槌でたたいたせんべいの粉はそのままでは飲み込めません。唾液と混ぜて、塊にまとめないと、飲み込めないわけです。

普段は元気に噛んでいる子が、たまたま眠かったり食欲がないときは、ボーッとしてチュチュと吸い食べしますが、これは仕方ありません。でもいつもそうなら、噛む力が弱いからかもしれません。離乳後期のまだ噛む力の弱い段階では、舌の動きも弱いので、噛みくだくことも唾液と混ぜることも未熟です。そんな状態のときに、その子にとって噛み切れない、唾液と混ざりにくいものを与えると、かえって噛む力が育ちません。丸飲みしている子どもと比べると、それが飲み込めないものだとよくわかっている慎重な子どもです。いずれ体力がつき、しっかり噛めるようになっていき、口にためることはなくなるでしょう。

◉唾液と混ざりにくい食材と調理の工夫

咀しゃく力の発達途上にある子どもにとって、噛み切れない、噛んでも唾液と混ざらない食材とは、水分の抜けたモヤシ、ほうれん草の軸の部分、ゴボウ、ネギ、高野豆腐や油揚げ、果物ではリンゴ、梨などです。

もちろん調理方法によって、しっかり食べることはできます。咀しゃくの弱い子どもに薄切りリンゴを与えるとリンゴはつぶつぶになります。かえって櫛切りにすれば、噛みやすくなります。それも難しければコンポートがよいでしょう。

◉口にモヤシをためたまま帰ってきた2歳児

以前相談を受けた2歳の子どもさんのことが思い出されます。給食に出たモヤシを、上顎にペッチャンコにためたまま家に帰ってきたというのです。他のものは食べることができたのですが、モヤシは加熱しすぎると噛みにくいので、食べられなかったのでしょう。しかし、この子は、これは、このまま飲み込んではいけないとわかっている点が、丸飲み込みの子と違います。もともと食欲が細く、体力も弱い子でしたけれど。

飲み込めないで口にためている子たちは、咀しゃく力が弱い点は丸飲みしている子どもと共通しています。咀しゃくの際に唾液とうまく混ぜて飲み込めない、何とか押しつぶそうとしたけれど、その結果水分だけが飲み込まれ、カスカスになったので飲み込まないで口にためているのです。口の中の食べかすがペッチャンコになっているのは、押しつぶしを試みた結果であり、水分だけが飲み込まれたからだと思います。離乳後期あたりのつまずきかもしれません。唾液と混ざりやすい軟固形を中心に咀しゃく練習をすれば、やがて噛む力がつきます。そのときまで、処理できない食材は避けてあげるか調理方法を変えて、発達を待ちましょう。ちなみにモヤシはぱりぱりする位のほうが噛み切りやすいです。

❹「食べようとしない」子

◉その理由がわかるまで待ちましょう

食べない、食べたくないとはっきり意思表示する子がいます。好き嫌いをさせたくないと思って、「一口だけ」と追いつめていませんか？

飲み込もうとしない子どもの中には、前記のように処理できていないから飲み込まない場合の他に、意志をもって飲み込まない子もいます。口には入れてみたものの、飲み込まないことによって、「食べたくないです」という意思表示をしている子どもたちです。すぐに吐き出してくるのも、「食べたくない」「食べることができない」と意思表示しています。

ことばで伝えても否定されるから、ことばではっきり表明できなくて困っているのかもしれません。こういう子どもと、処理できなくて飲み込まない子どもは、表情や態度が違うのでわかります。

「嫌いだから食べたくない」という場合、なぜ嫌いなのか、食べたら気分が悪くなった経験から嫌いなのかなどを慎重に見極めます。好き嫌いをなくすのも大事ですが、嫌がるときには、必ず理由があるのです。理由がわかるまで、無理強いせずに待てば、ほとんどのものは食べられるようになります。

◉いずれ「社会食べ」の成果が出てきます

生きものとしての人間の脳には、「すっぱいものは腐っているかもしれない。危険」と刷り込まれているはずなのに、いつか子どもは梅干しをおいしそうに食べます。これは、大人がおいしそうに食べているのを見て「人人になりたい」、「パパやママみたいに食べてみよう」と考える、「社会食べ」の成果だと思います。今食べられなくても、将来食べられるようになることのほうが多いわけです。強制することによって食事時間が嫌な時間になるくらいなら、好き嫌いについては柔軟に考えてほしいと思います。

❺社会的背景も問題に

幼児になっても食事がしっかり噛めないと、口ばかりに注目しがちですが、口腔機能の発達の問題とは限りません。社会的な背景も大きな要因です。

◉ノドゴシ・噛み応えなど好みも多様

大人の食べるものも含めて、「外はカリッ、中はフワフワ」、「口にとろけるような食感」が好まれる傾向にあります。麺類や脂質の多い食材は、数回噛んだら飲み込める状態になるものが多いようです。調理によって「ノドゴシ」や「噛み応え」を重視している家庭や給食もあり、多様性があるので一概には言えません。しかし、調理器具や火力の進歩で、「軟らか食傾向」があるなら、一方で噛み応えのあるものをしっかり噛んで、唾液と混ざることでおいしさを感じる機会を与えたいものです。スナックやおやつを食べすぎることなく、栄養の偏りや健康を考えていく必要を感じます。

◉育児環境、考え方もいろいろで

育児環境も変わりました。過保護にもいろいろあって、無理に食べさせるというパターンもあれば、あっさり大人が撤退することもあります。強制されると、子どもはますます嫌になります。一食くらい抜いても、ある程度の体重になったら大丈夫ですが、お母さんは心配です。もう椅子からおりているのに、追いかけまわして食べさせる、食事を食べなかったからとすぐにおやつをあげてしまうといったことです。逆に「食べないから」と食べやすいものしか与えないというような、食環境が乏しい場合があります。

空腹感を感じ、自分から食べたいと感じる食欲作りが大切です。追いかけまわして食べさせたり、食べるまでは○○をしてはいけないなどと脅して強制すると、子どもは食事が楽しいものではなくなり、食べることから気持ちが逃げます。ただし、おやつも食事と考え、水分補給や栄養や安全、また虫歯の予防から適切なものをあげてください。

◉夜型の生活リズムでは食欲がわかない

生活リズムも、最近は大人に合わせて夜型が増えています。夜型だと寝る前ぎりぎりまでものを食べている子がいたり、夕食が遅い家庭もあるわけですから、朝に食欲がないのは当然のことです。保育園に登園する15分前に起きて、車の中でパンを口に突っ込まれ、園についてもパンが口に入ったままの子どももいました。。朝ごはんを食べていないと、脳も身体にもエネルギーがなく、元気に活動ができません。朝食抜きで何とか朝の活動を終え、やっと給食の時間になって座ると、もう体力は限界で、逆に眠くて食べられないなどということもあるのです。

❻子ども自身に問題がある場合

◉「遅れがある」と感じたら援助を

明らかな障害は早く発見されて、早期に療育を受けることができます。障害が軽い、または障害なのか正常範囲なのかボーダーラインでは、乳幼児期には確定診断がつかない場合があります。保育士はクラスの他の子らと比べて気になるのですが、保護者に伝えにくいことがあります。

子どもに発達の遅れがあるかもしれないと感じたときから、診断名がつかなくても、できるところから援助を考えましょう。

◉手先の不器用さがありませんか？

食事をするときには手づかみ食べに始まり、スプーンを握る、食べものをすくう、口に運ぶための手指の発達が必要です。手指は、肩・肘・手首の安定の上に発達していきます。筆やペンは上手に持てますか？歯ブラシは口に入りますか？　目と手と口が協調して「食べる」です。手先の運動発達を見ましょう。

◉姿勢はどうですか？

肘をついていないと椅子に座っていられない子、姿勢が斜めになってしまう子、寝そべる子などいろいろなタイプの子がいると思いますが、しっかりと座れないと口や手の動きがスムーズにいきません。

◉さまざまな活動場面での働きかけを

指先の問題や姿勢・運動の問題は、食事時でなく、さまざまな場面で働きかけができます。散歩や鬼ごっこ、ボール遊びや坂登りで、姿勢や運動能力がのびていきます。粘土、お絵かき、ひも通し、ブロック、工作でも目と手の協調運動の発達につながります。食事時間はゆったり楽しく、注意することができるだけないようにおいしくいただきましょう。

◉顎や歯並びはどうですか?

口腔や歯の発育不良や異常はありませんか?

たとえば乱杭歯のような歯並びの子どもの顎は小さく、歯が並びにくいのかもしれません。顎が小さければ、舌は狭い口腔の中で噛むための動きをしたり唾液と混ぜ合わせるために運動しなければいけません。ただ、しっかり噛めば顎が大きくなるとはかぎりません。よく見たら、お母さんも同じような顔立ちで、小さな顎だったという場合もあります。

もちろん、よく噛むこと、おしゃべりすること、運動して全身の発育を促すことは大事ですが、すぐに顎が発育するとは限りません。顎が小さくても、手先が不器用であっても、子どもに合わせて大人が工夫をし、持っている機能をいかに引き出すかという考え方をしたいと思います。

IV 問題に取り組む前に

―摂食指導の目的と問題点への視点を考える

1 なぜ摂食指導をするの？

❶ 安全を守る

私は言語聴覚士として、障害をもつ子どもたちとかかわってきました。私にとって、摂食指導の目的の第一は安全に食べることです。障害がなくても、幼い子どもや高齢者にとって、安全に食べることは命を守る大切なことです。

摂食動作における安全とは、食べものを誤嚥することなく（気管に入れることなく）、食道に送ることで、「誤嚥性肺炎」の予防を考えます。お餅が喉につかえて呼吸ができない状態を「食片気道異物」といいます。乳幼児や高齢者に、こういう事故が起こらないよう常に注意をすることが大切です。

障害児を指導する場合は、医師の指示を得て、誤嚥した食べものを吸引する装置のある場所で行ないます。同じ子どもが、吸引をする態勢がない家庭や施設、学校でお母さんや先生からも食事の介助をしてもらっています。誤嚥の可能性のある子どもには、誤嚥や気道異物を予防する姿勢、調理方法、介助の方法を、日々かかわるみなさんに伝えることも、私たち言語聴覚士の大事な仕事です。

❷ 摂食機能の発達を促進する

摂食指導のもう一つの目的は、発達促進です。離乳初期食から中期食、後期食へと発達を促します。健康な赤ちゃんでも発達には個人差があり、時々一休みしながら次の段階への準備をして発達していきます。そんなときに決して手をひっぱって、〝飛び級〟させないことが大切です。赤ちゃんの笑顔やうんち、口の動きはサインです。他の子と比較せず、その子どもをよく見て、サインを読み取りましょう。

さて、病気で食べられない子どもにも、食べる準備をすることが発達援助になります。こんな事例もありました。8カ月くらいの赤ちゃんが誤嚥性肺炎を繰り返すので、主治医から経口摂取を禁止され、鼻からチューブを通して栄養摂取することになりました。体調が回復せず、離乳中期食を中断したまま時間が過ぎていったそうです。お母さんは、口に何も入れてはいけないと思って、歯磨き以外は何もせずそのままになっていました。1歳3カ月頃からことばらしきものは出始め、肺炎も落ち着き、やっと鼻のチューブがはずされることになったのです。ところが、食べることに興味を示さず、スプーンも嫌がるので相談に来られました。

このように口から栄養が摂れない場合でも、いずれ食べるときのための「お口」の準備をしておけば、もう少し様子は違ったのかもしれません。子どもの場合は大人と違い、食べる経験を積んでいないと、口にものを入れられることに過敏になり、押し出したり、口を閉じていやがることがあります。食べてはいけない子どもに、直接食べものを使った練習はできませんが、清潔に気を付けて、指を吸ったり、おもちゃ噛みなど口で遊ぶことが必要です。唾液がうまく飲み込めているのなら、医師と相談して、きれいな水を少しずつ飲む練習も考えられます。清潔を守る口腔ケアを目的とした摂食指導はしていくべきです。病気の治療と二次的問題の予防に、チームアプローチで取り組む必要があります。

❸コミュニケーションの発達促進、話しことばの前段階としての指導

食事中のコミュニケーションは、介助し介助される関係ではとても大事です。食事を安全においしく食べられるかどうかは、お互いが信頼関係を結べるかどうかにかかっているといってもよいくらいです。また、ことばも、信頼関係のある人とのかかわりの中で育まれます。口が動けば、勝手にことばが発達するというものでは決してありません。

さて、「噛む」ことと「話す」ことの関係で、「噛まないと発音がうまく育たない」などという人がいますが、これには疑問があります。同じ口腔器官を使っていますから、上手に噛んで食べるなら、上手にしゃべれそうなのですが、話すということは口腔器官だけの問題ではないのです。「チェンチェイ、オハヨウ、ゴジャイマチュ」と言っている年長さんが、みんな噛むことが苦手とは限りません。

運動障害があって噛めない人は、発音もうまくいかないのは事実です。発音が上手になることの条件に、発音をつくる器官である唇、舌、軟口蓋などの運動能力は欠かせませんが、そもそも健康に育っている子どもの場合には、噛めないと発音できないとは短絡には言えません。でも、噛むことは大事なことなので、脅しに使わずによい指導を心がけたいものです。

一方で、運動発達に遅れが出やすいダウン症や、口の形態に問題をもつ口蓋裂の赤ちゃんは、0カ月、1カ月という新生児期の早い時期に障害が発見されます。この場合は、将来のことばの発達を考えて、しっかりおっぱいを飲めるように、離乳食が食べられるように援助することが必要です。哺乳指導や離乳の指導を通して、食べる、しゃべる器官である口腔器官への働きかけや、コミュニケーションや言語発達の促進、子育て全般へのアドバイスをすることで、お母さんが少しでも安心して子育てできればと願っています。

ここまで挙げてきた食事指導の目的は、言語聴覚士である私の立場からのものです。摂食指導は、食事指導、給食指導といった呼び方もされていると思うのですが、指導の目的は、指導する人の職種によって変わってくると思います。一人ひとりが、きちんと自分の目的をもつ必要があります。たとえば、保育園で栄養士をされている方は、文化を伝えることも大事な目的だとおっしゃっていました。ひなまつりにはお寿司といったような行事食、また、旬のものを食べることで季節や自然を知ることも大切でしょう。

職種は違っても、安全、水分・栄養摂取、コミュニケーションの発達促進は基本的にどの立場であれ共通ですね。

2 食環境からの働きかけ
―改善のためにはどこに注目すればいい？

食環境である椅子、テーブル、食器、介助者を中心に見ていきましょう。

❶ 椅子・テーブル

子どもの体に合ったものを用意してください。体に合った椅子に座ると、体重がしっかり支えられて、食べものが見やすく、口に運びやすく、食事に集中できます。不安定な座位は食事に適しません。椅子は子どもが足底を床や足台につけることができる高さがよいでしょう。

椅子に座る姿勢は、大人が字を書いたりするときと同じように、骨盤を前傾させ（背中を伸ばしたまま前に傾く）、テーブルに手がのるようにして下さい。テーブルは肘の高さに合わせます。肩が後ろに引かれていたり、テーブルの下に手があったり、肘が伸びてしまっていたら、テーブルに肘がつくようにしてください。横から見て顎が上がって首の後ろに縮んでいたら、口は閉じにくく咀しゃくもしにくいです。座位が不安定な離乳期前期には、大人の大腿部に赤ちゃんのお尻を乗せ、大人の腕が背もたれになり椅子に座っているのと同じ姿勢を作れるように抱いてあげます。

身体は起こして、口に入った食べものが気道に流れ込まないように、口の中が水平になるようにしましょう。口から出てくる食べもの・飲みものは拭けばよいだけです。流れ込んでむせたりしないように注意しましょう。

- 足底が床につく
- 膝が曲がる（90度）
- 骨盤が前傾している（90度以内）
  食べものに向かう姿勢はピアノを弾いたり
  書字をしているのと同じで少し前に傾く
- 椅子の座面が広すぎず子どもの横幅に合っている
- テーブルの上に肘・手がのる

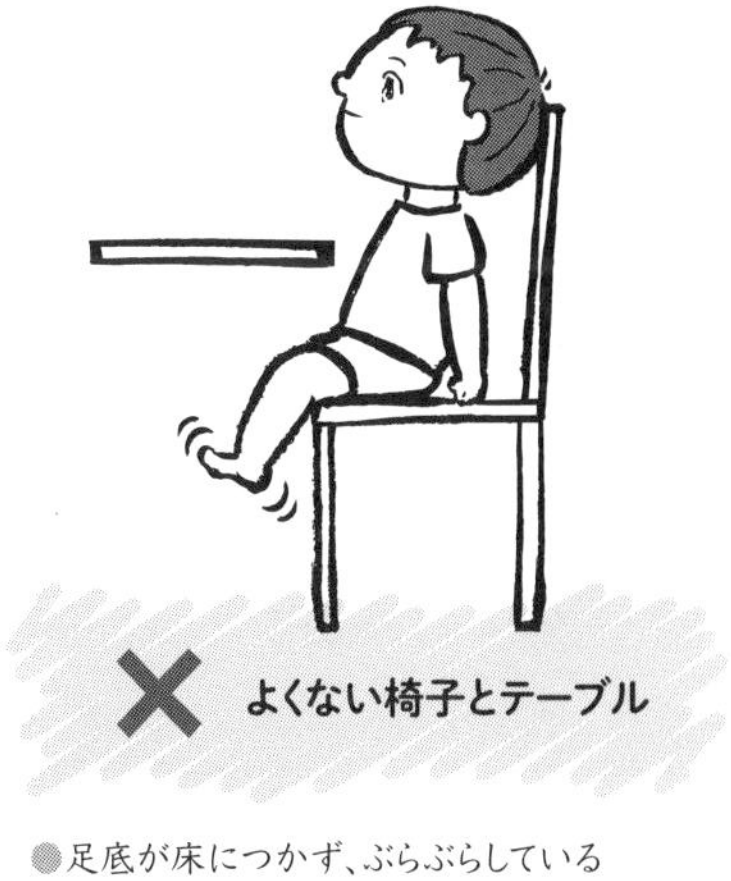

- 足底が床につかず、ぶらぶらしている
- 膝が伸びている
- 骨盤が後傾している
- 椅子の座面が広いと左右に傾く
- テーブルが高いと手がのせられない

（図6）椅子・テーブル

❷介助用のコップ（水分摂取の練習）

離乳初期には、哺乳ビンの蓋くらいの小さな容器か、茶さじ程度のスプーンを使って水分を飲む練習をします。スプーンでは少量の水分をすくってボール部分（先の丸いところ）全体を口に入れ、ボールの底が舌にのるようにします。子どもの唇が閉じてからそっとスプーンを水平に引き抜きます。少量ずつ、流し込まないようにしてあげます。次の段階では、スプーンを横にして、スプーンは両唇で挟むように、下唇にスプーンをのせ、上唇が下りてくるまで待ちます。はじめは「ブー」と吹いてしまうこともありますが、吹いた後は息を吸うのと共に水が吸い込まれます。はじめは驚くかもしれませんので、少量ずつ練習します。

コップの場合は縁の厚みが薄いもの、直径が7～9センチくらいの小さなものを用意します。コップでなく、ソースなどを入れる小さな容器でも構いません。介助する人が、子どもの下唇にコップの縁を固定し（深くくわえさせないように）、水面が子どもの上唇にさわるところまでコップを傾けます。傾けすぎて流し込みにならないようにします。透明のコップのほうが水面の位置が見やすく、流し込まずに自律的に飲むことを促します。

❸介助用スプーン（離乳食を始める前）

離乳開始直後は、スプーンのボールの部分ができるだけ浅く、先のとがっていない丸みのあるもので、子どもの口の幅より小さなものを用意します。ベビー用でなくても、家庭のティースプーンの中に適当なものが見つかることがあります。

スプーンはボール全体を口に入れます。まっすぐに入れて、口を閉じてからまっすぐ

流し込み
口が開いて、顎があがっている。

自分で吸う
コップの縁を口唇ではさみ
口は水平になるよう、顎を軽く引いている。

（図7）コップで飲ませる

子どもはなれてくると、舌の上にスプーンのお尻がのったら、唇を閉じるようになります。唇を閉じたら、スプーンをまっすぐに引き抜きましょう。口に入った食べものが舌の前方にのります。

（図8）スプーンの引き抜き方

に引き抜くようにします。子どもがすぐに口を閉じないからといって、上顎に離乳食をなすると、舌の上に食べものがのらないので飲み込むしかありません。また、上の歯茎にスプーンを引っ掛けると、スプーンを噛む癖がつきやすくなります。スプーンのボールの底が舌にのるようにしてください。また、スプーン上に食べものが残っていても、繰り返し入れないで、最初に入った量が処理されるのを待ちましょう。（図8）

　スプーンは、子どもの口が大きくなるにつれ、少しずつ大きくしますが、スプーンの1回量も少量ずつ上げましょう。子ども用スプーンは大きい物が市販されていますから、介助用スプーンは家庭のティースプーンから選ぶとよいでしょう。離乳後期まで介助者がスプーンで食べさせたり、手づかみ食べを促したり、子どもがスプーンを持

左の介助用から右の自食用まで、
少しずつ大きいものを用意しましょう

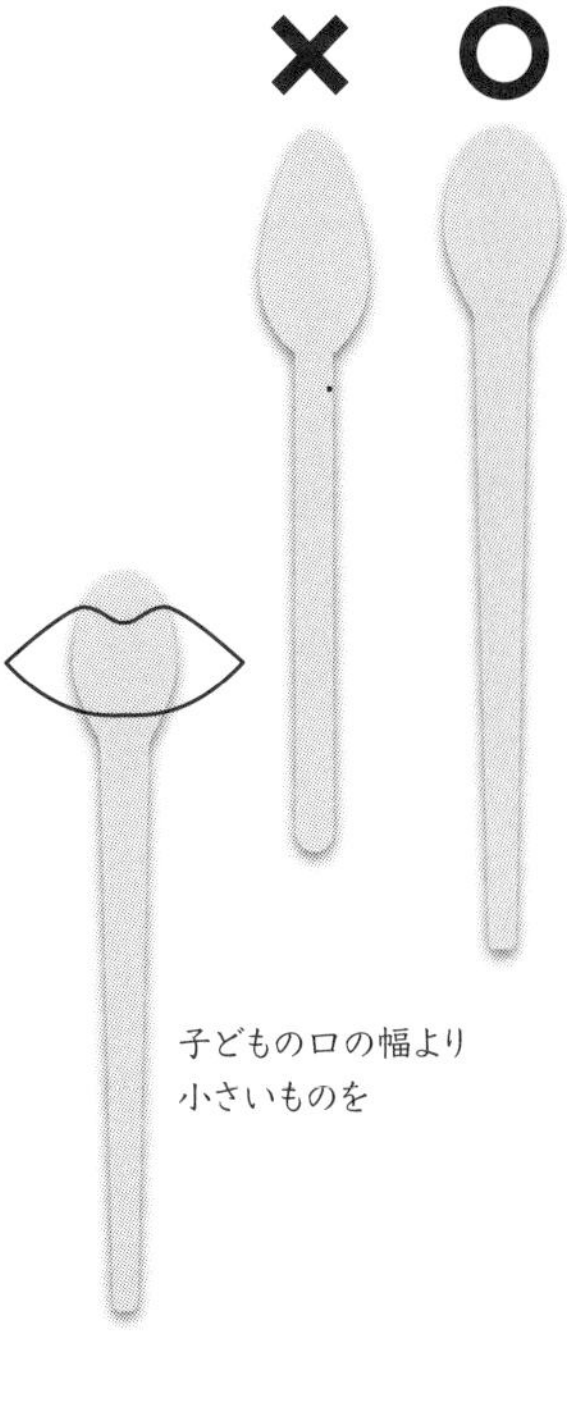

（図9）スプーンの選び方

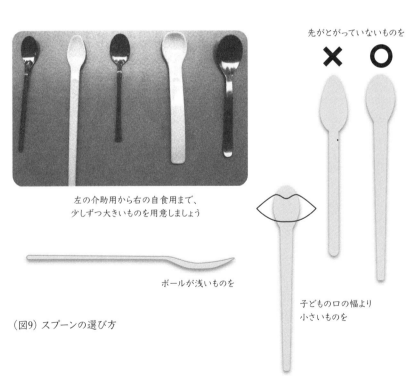

てるようになったら口に誘導します。子どもがスプーンを持っても先生も食具をもって援助を併用します。

スプーンを持ちたがるときは、持ち手が持ちやすいものを持たせます。子どもが自分で持つスプーンは、口に入るまでこぼれないよう、ボール部分を大きく作られたスプーンが市販されています。持ち手は太めで握りやすいものがよいのですが、ボールが大きすぎてたくさん口に入ると口腔の空間がまだ狭い乳児期には処理できません。口の大きさや噛む力に応じて、小さめのスプーンを選ぶようにしてください。(図9)

❹調理形態…子どもに合わせて再調理

離乳食の基本は、子どもの発達に合わせることです。月齢ではなく、子どもの摂食機能の発達に合わせることとです。

集団給食では、一人ずつに合わせることは困難です。集団給食では、クラス全体が同じものを食べるのが原則です。乳幼児期は生まれ月でクラスがつくられていても、個々の子どもの発達はまちまちですから、ゆっくり発達している子どもにとっては難しい献立もあります。集団給食の場では、一人ひとりに合わせたものをつくるというわけにはいきませんので、どのようにして子どもに合わせた食事内容にするか、工夫が必要です。

硬い食材はつぶす、汁と混ぜて軟らかくする、ほぐす、ラップやスプーンでまとめるなどの再調理をその子の茶碗や皿でします。スプーンやフォーク、箸が再調理の道具になります。ナイフやまな板がいるようでは大変だと思いますが、スプーンで押しつぶしてまとめたり、箸で臼歯の上にのせてあげるといった、ちょっとの工夫が功を奏すことが多々あります。

あるとき、保育園の0歳児のクラスに見学に行きました。1歳2カ月の女の子が、ジャガイモ、ニンジンの千切りを寄せ揚げにしたてんぷらを、口から吐き出している最中でした。パリパリに揚がっていて、大人にはたいへんおいしそうですが、揚げることで水分が飛び、そのお子さんには硬くて押しつぶすことも噛むこともできません。ベテランの保育士さんがあわてて味噌汁に浸して、食べることができました。ちょっとした工夫で食べられるのです。家庭なら、咀しゃくの未熟な子どもたちには、ニンジンもジャガイモも1センチ角くらいの棒状に切り、ゆでるか「レンチン」してから揚げれば、外はパリッと、中がしっとりしていて食べやすくなります。薄く細く切った野菜は、煮ても揚げても水分が飛んで硬くなり、処理しにくいのです。最近は煮る前に電子レンジや冷凍を活用して軟らかく煮る方法も使われており便利です。

こういう場合のお助けマンが、おつゆやスープ、トロミのあるソースです。また、細かく刻んだキュウリなど危険なものは、マッシュしたイモ類やカボチャと混ぜて食べさせてみてください。キュウリだけが舌に残るようなら、与えるのにまだ早いということですね。保育の現場では出てきた献立を担任が子どもに合わせて工夫をしてみてください。

また、3歳ぐらいまでは、子どもが自分で食具を持てたとしても、介助する大人が再調理用のスプーン、箸、フォークを持っていてほしいと思います。この再調理のために、押しつぶしたりまとめるのに役立つスプーン、つついたり、ほぐしたりするのに便利なフォーク、箸は離乳後期以降になってもなかなか噛んでくれないときに、臼歯の位置に食べものをのせるのに便利です。

子どもは自分で食べ始めても、口の奥へ突っ込んだり、大量に口に入れたり、分量や位置も学習途上です。「自分で食べる」ということは大事ですが、「早く」を目標にしないようにしてください。子どもが自分流に食べるのをそのままにしておくと、うまく噛むことができるまで遠回りさせてしまうことがあります。

自分で食べるようになってから、大人が量やスピードのコントロールをするのは難しいので、介助できる間にていねいに教えていきましょう。

❺ 信頼関係の中で

保育園に入ったばかりの子どもは、おしっこに行けなかったり、給食を食べなかったり、泣かないけれどもジーッと見ているばかりのときがあります。水分を摂ってくれないとさすがに心配で、保護者に早くお迎えに来てもらう羽目になります。これは子どもにとって新しいことを警戒するという一つの知恵なのです。おうちなら、お母さん（保護者）が安全基地ですが、お母さんがいないところで誰を安全基地にしてよいかわからず、不安に耐えているのです。その結果、ものを食べない、お茶を飲まない、トイレにも行かないというわけです。

食べないことの心配より、できるだけそばにいて気持ちに沿う働きかけをしてあげてください。優しいことばかけと身体接触、無理強いしないで見聞きさせれば、だんだん状況がわかって見通しをもちます。家と違うごはんやお茶はだめでも、おやつなら食べる場合があります。

V 健全な発達をめざして

——問題改善への取り組み

1 生活全体を見直す

子どもの発達のペースや家庭環境は、一人ずつ違います。食についても一般論ではおさまりません。改善策は、しっかりした評価があってこそ見出せるものです。評価は、食事の食べ方や口の様子だけを見るのでは不十分です。

きちんと評価するためには、まず1日のすごし方、つまり生活全体を見直さなければなりません。なぜかというと、食欲づくりは睡眠や活動、生活全体の上に成り立つものだからです。

具体的には、起床時間、食事やおやつの内容と回数・時間帯、活動状態、就寝時間などです。さらに、食事の時間の間隔や、誰とどれだけの量、どのくらい時間をかけて食べているかが、食欲づくりの目安になります。特に、早起きは食欲づくりには欠かせないことです。まず、家族みんなの生活全体から見直してください。

2 強制は禁物

❶嫌がる食べものを無理強いしないこと

嫌がる食べものは押しつけないことも大事です。無理に口に突っ込んだり、「全部きれいに食べなさい」と強制するのは問題です。今は食べられなくても、いずれ食べるようになるものです。自分の前で全部きれいに食べて欲しいからといって、無理強いはしないでください。今食べることが、本当に必要なことなのか、よく考えてください。いつか食べるようになるのですから、子どもの発達を信じてください。何をどれだけ食べるかは、その時その時に、子ども自身が決めることです。子どもは、なぜ食べることができないのか、食べたくないのかうまく説明できません。

しつけと称したり、一口だけ食べるルールを大人が作っている場合もあります。それなら、子どもには拒否する権利も与えてください。「いやだ」は、子どもが困っていることを示すサインです。真摯に受け止めましょう。

❷今は食べなくてもいいけど、ちょっと味見はさせてみて

ただし、味見は誘ってほしいのです。嫌がれば強制はしません。そこで、子どもが嫌がるものを、お母さんがおいしそうに食べるところを見せたり、他の子がおいしそうに食べているのを見た

りすることが、経験になります。スプーンの先にちょっとだけ苦手なものや初めてのものをのせて、「お母さんは好き」、「食べたらおいしいよ」などと上手に誘ってほめながら食べさせるのは、よいやり方です。匂いをかぐだけでも経験です。今は食べなくても構わないと大人は思いましょう。「お母さんも小さいときは食べられなかった。お姉ちゃんになってからはおいしくて好きになったのよ」という経験談もよいですね。

どうせ食べないからと一切食卓に供さないのも、大人の思い込みで、調理法や外食や相手が違えば食べるのが子どもです。

❸ 嫌がるのには理由がある

初めてのものは警戒する、家族の誰かが食べないから自分も食べられないと思っていたり、食べず嫌いはよくあることです。それは慎重さの現れで長所と考えます。

でも、嫌がるものには理由があることも忘れてはいけません。問題は、目に見えるようなアレルギー症状が現れないにしても、それを食べると痒い、気分が悪くなったなどの経験があったから嫌がっていることがあります。ある種の食べものが合わない子どももいますから、無理強いは禁物です。

逆に子どもが欲しがる、喜ぶからと、大人が出す食事やおやつが同じものに偏るのは心配です。また、何でもよく食べる子や、離乳期なのに幼児食を早くから食べる子のほうが気になります。大人はそれに満足しがちですが、実際には嚙めていない、丸飲みしている問題を見逃すことがあります。

❹ 少食も一概に悪いとは言えない

食べる量が少ない、いわゆる少食も、一概に悪いとは言えません。活動も活発で体の生育にも特に問題がなければ、たくさん食べすぎる子どもより、健康に育つ子どもかもしれません。1回に少ししか摂れないときは、おやつも食事と考えて、栄養に配慮したおやつをあげましょう

3 家族で食卓を囲む大切さ

児童期以降も、家族で食卓を囲むことは大切です。子どもにとって、家族の中で安心して楽しく食べることは心理的によい場面です。また、親やきょうだいの食べ方から多くのことを学ぶ場でもあります。お膳の配置、箸の持ち方、何から食べ始めるかなど、子どもは親やきょうだいの食べ方をよく見ています。文化・マナー、栄養、調理、経済、人間関係、価値観、コミュニケーションも学びます。

食事中もテレビを見るのが当たり前の家庭もあれば、消して食べる家庭もあります。良し悪しはともかく、それは食事に対する価値観の違いです。子どもの発達を考えるなら、「○○しながら△△する」というような、並行して二つのことができるのは、4歳以降に徐々に獲得する力です。

でも、食事は単に栄養を摂るだけでなく、作ってくれた人に感謝して、会話を楽しみながら、おいしく食べることが大切です。大きくなるにつれ、孤食が増える傾向があります。会話の保障が他の場面で十分できているとよいのですが…。

一人で食べる、叱られながら食べる、会話もないくらいなら、テレビを見ながら食べるほうが「マシ」ということもありますね。

食事中の飛沫が心配されるコロナのような感染症の渦中にあっては、「黙食」が推奨されるのもやむを得ないことですが、黙って食べることになっても、笑顔や態度やしぐさで受容的・肯定的なサインはたくさん発信できます。

家族団らんということばを聞くと、多くの人は食卓を囲む笑顔を思い浮かべます。

4 経験を広げる工夫を

❶ 普通食は3歳くらいまでかけてゆっくりと

離乳食から普通食になるまでには、さまざまな食品や調理形態を経験し、さらに道具を使う経験も広げなければなりません。通常は1歳半頃を普通食の目途と考えますが、私は子どもによっては3歳くらいまでかけてゆっくり確実にすすめるほうが、よいのではないかと思います。

医学の進歩や育児に関する知識の普及は、子育てを援助してきました。一方で、核家族や少子化、近隣との交流ができない地域にあっては、保育所や保健センターは家族にとって不安や心配を払拭してくれる大切な拠点です。個人差なのか、病的なものなのか、自分の子育てに不安があるとネット情報に頼りがちですが、子どもを実際に知って共感してくれる人、お母さんの訴えをじっくり聞いてくれる人が必要です。

ママ友も、親子同士の輪を広げ支えあえるコミュニティです。でも、子どもの月齢が近いと、わが子のできないことが気になって不安を感じるものです。よその子の発達のスピードは、わが子と違っても当然とわりきれれば良いのですが…。

お腹を壊すことが命取りになりかねない昭和時代以前は、離乳食のように消化のよさそうなものを食べる期間が結構長かったと聞いています。当時の家庭の火力は弱く、電子レンジやミキサーなどの調理器具はない時代です。大人の食事が固いので慎重に育てるのはお母さんの知恵です。離乳食用に特別に作ることができないので、おかゆやおじやを食べさせていました。お母さんは自分が食べているものを自分の口で確認して、その中からおなかをこわさないように根菜など食べられそうなものをあげる、離乳食の段階は急がず慎重に進めていたことでしょう。お母さんの口で噛んでみて子どもの食べるものを確認するという方法は、今も見習いたいことだと思います。

❷ 3歳くらいまでは、行きつ戻りつ、たくさんの経験を

さて、3歳ぐらいまでは、行きつ戻りつしながら、しっかりと形のある軟らかいものを咀しゃくさせることが大事だと思います。中期食の段階では、ジャガイモは、マッシュしたら舌で押しつぶすだけでもゴックンができますが、煮たりゆでたままでは唾液と混ざりにくく食べられません。軟らかいものをしっかり噛む力がついた上で、次は硬いもの、繊維質のものと進めることができるわけですから、飛び級せずに軟固形をしっかり押しつぶす、後期食の噛むという経験を積んで欲しいと思います。大人自身が焼き魚やゴボウなど噛みごたえのある食事をよく食べていますか？　毎日の食事がふわふわ、トロトロの軟らかいものが多いと、子どもも経験不足で軟らかいものしか食べない傾向があります。調理を工夫すれば、同じものでも噛み応えが出たり、軟らかくすることができますので、その両方を経験させておいしさを味わわせてください。

❸ 咀しゃく力をつける

咀しゃく力は、早くから硬いものを食べさせることでついていくわけではありません。硬いものを食べる時期がその子にとって早すぎると、噛めないから丸飲みにする子もいます。

おやつとして煮干しや干し大根を出す保育園や家庭もあります。大根は干すと噛んでも噛んでも、噛み切れない状態になりますから、子どもには結構難しい食品です。煮干しも、中途半端な炒り方だと噛んでも噛み切れないので、水分が抜けてパリパリにしないと、噛んで処理するのは難しいです。

一生懸命な保育士さんほど、子どもたちがしっかり噛めるように、食べる練習をさせようとします。しっかり噛める子どもなら、難しい食べものにチャレンジさせるのはよいのですが、そもそも咀しゃく力の弱い子どもにとって、いきなり上級編の課題に挑ませるのはいかがなものかと思います。

硬いスルメやヌルヌルした昆布は誤って飲み込まれると危険ですから、しっかり噛める子に与えてください。しっかり噛めない子どもには、はじめは簡単に噛めて唾液と混ざりやすい口溶けのよいものから始めます。サクサクした食感の麩せんべいやラスクなどは、少し噛めば唾液と混ざります。噛む音がすると、噛んでいるのが自分でもわかって楽しくなります。

食パンの内側は柔らかいのですが、唾液を吸いとりやすい食べもので、しっかり噛まないと粘土のようになります。スティック状に切って軽くトーストすると、噛む力が弱くても、唾液と混ざりやすくなります。生のパンなら、ジャムやバターを塗ると唾液と混ざりやすくなります。蒸しパンより、スティックパンのほうが離乳食中期でも安全に食べさせることができます。

柔らかくても簡単に噛み切れるかまぼこやソーセージは、噛み取った塊をそのまま飲み込む危険があります。噛んで唾液と混ぜて飲み込むためにまとめやすい食べものは子どもの発達段階（咀しゃく力）によって違うので、噛めない理由と目標によって、援助の方法を考えましょう。

また、おやつは、子どもたちにとって楽しみな時間として与えたいこと、乳幼児期には栄養を補給する時間でもあることも忘れてはいけません。

5 親を認めて支える

❶保護者を責めても何も解決しない

健全な発達を支え、問題を改善していくためには、保護者を支えることです。

朝は遅くまで寝かせておいて、ごはんも食べさせないで保育園に連れてくるという、保育士の心配の声を聞くことがあります。子どもの側に立つと困った保護者かもしれませんが、ご家族には事情があってのことで、そのことを責めてもどうにもなりません。

忙しい中でも家事や食事づくりをきちんとできる人もいれば、時間がない、知識がない、家族の協力がないなどの問題を抱えている人もいます。

子育てでは、保護者が、そのお母さんたち（祖父母ら）に、どのように育てられたかという影響を知らず知らず受けています。保護者の育て方に問題があるとしたら、おばあちゃんから受け継いだ問題かもしれませんし、家族関係・就労形態・体力など要因は数えきれません。つまり、子どもの朝ごはんだけの問題ではないのです。いずれにせよ、責めることなく支えてあげる必要があるのです。

そのポイントは、次の四つです。

◇日々の忙しさや子育ての大変さを聞いて、共感すること
◇文句は言わない
◇具体的で、できそうなアドバイスを一つだけ提供する
◇養育者のよいところと、子どものよいところを認めてほめる

食事の問題は、日々の問題です。文句を言われても、そう簡単には改善できません。まず、お母さんたち養育者の苦労に共感し、子どもの発達を認め、小さな変化もとらえてお母さんたち養育者の努力をきちんと評価してあげてください。

❷ 保護者の話をよく聞きましょう

保護者にとって、先生が子どもや自分のことをどう思っているかは心配なことです。できないことを指摘されると、自分の子育てが否定されたような気がします。できていることをきちんと評価した上で、どうすればよいかを一緒に考えればよいのです。何といっても、お母さん（お父さん）は、夜中も含め24時間体制で、その子のことを一番よく知っています。お母さんなど保護者から家庭での子どもの様子をよく聞くことです。

その中で、家でできないことがありそうなら、保育園や幼稚園で取り組めばよいのです。少しでも子どもによい変化が見られたら、お母さんも「やってみようかな」、という気になります。問題だけを指摘したり、できそうにないことをしなさいと言われたら、コミュニケーションはとぎれます。

たとえば、夜遅くまで起きていて、朝はぎりぎりまで寝ているお母さんが、朝途中のコンビニでおにぎりを買って食べさせてくるとします。お母さんは疲れているのに、この子のために起きて着せて、おにぎりをちゃんと食べさせているという見方もあれば、もっと早く起きて子どものごはんくらいつくればいいのに…という見方もできるでしょう。私は前者のほうが、「ついでに牛乳かヨーグルトは食べそうですか？　バナナも売ってなかった？」と、お願いしやすくなると思います。

子どもの立場に立てばもっとこうして欲しい、ああして欲しいと思うこともあるでしょう。親御さんからも、先生たちに言いたいことはたくさんあるはずです。でも、互いに認め合う関係の中でしっかりコミュニケーションがとれ、相談し合える信頼関係を築くことが先決です。信頼関係ができれば、事情もわかり、その中でどうしたらよいか、互いに目標を共有して相談をしていくことができます。

Q&A

VI

疑問・質問にお答えします

Q&A 疑問・質問にお答えします

● 少食
● 離乳食の遅れ
● 噛まない、早食い、過食
● 口が開いている
● スプーンの持ち方
● 食べるを促すことばかけ

2020年度に行われた研修会・交流会を中心に、今までにいただいた質問を整理してみました。どこの会場に行っても、このような質問をいただきます。それほど、保護者や保育者を悩ます問題であることがうかがえます。心配や疑問を共感していただきたいです。ほとんどは本文中にお答えしていますが、いくつか気になる質問をQ＆Aの形でも記しておきます。

研修会場では、私から生育歴などお子さんの詳しい情報は訊けないので、なかなか適確な答ができません。例えば、同じ「丸飲み」の心配でも、離乳期なのか、幼児なのか、どんな食べものでもそうなのか、遊びや生活、知的発達や対人社会性など全体発達によって対応は違ってきます。今回も、一般的な回答で、どの子にもあてはめることはできませんが、参考になれば幸いです。

Q question 1 少食、偏食の気になる子

3歳児、少食・偏食もあるせいか、体型は細く、発音も幼い感じがします。お母さんは、何とか体重を増やそうとしてがんばっていらっしゃるのですが、うまくいかないようです。どのようにフォローしていったらいいでしょうか？

A answer 1 食が細くても、無理強いは禁物

お母さんは、せっかく作った食事を子どもが思うほど食べてくれないと、育児全般に自信をなくしたり、食事のことを考えるだけで憂鬱になったりします。発育のことを考えると、心配なあまり、全部食べるまで座らせる、つい叱ったり、追いかけ回して食べさせようとはしていませんか？　これらの対応は、子どもにとっては食事自体が苦痛になり、あまりよい結果はでません。少しでも食べられたら「おいしかった」「頑張ったね」と褒めてあげましょう。

ここでのキーワードは少食、偏食、発育、発音です。この4点から考えてみましょう。

▲提案①　栄養バランスを考えつつ、食べきれる少なめの量を与えましょう

食事量より、栄養のバランスや、少量で栄養価の高いものが摂れるように考えてみましょう。程度によりますが、大食や過食と比べれば成人病の危険はなく、少食は誇りに思ってもいいくらいです。少食でも、元気で活発なら何も言うことはありません。量もさることながら食事の中身が問題

です。3歳では、おやつも食事と考えて、おやつも含めて栄養が摂れるよう工夫しましょう。

一方、体力がなく、風邪をひいてもすぐには治らない、少しの運動で疲れてしまう子ですか？懸念されるなら、医師や発達の専門家の援助を受けなければいけません。たとえば、栄養不足は、脳にも栄養がいかなくて、心身の発達を遅らせる心配があるからです。専門家に見せることで、無用の心配や、「食べさせなくちゃ」のストレスから解放されることがあります。

給食ではみんなが食事を終える頃には、その子も終われる程度に量を加減しておいてください。量を減らして完食やおかわりができたら、自信につながります。

▲提案②　徐々に食べられる範囲を広げましょう

偏食については、徐々に食べられる食品の幅を広げていけばいいでしょう。何が食べられて、何が苦手なのか、一度整理して把握します。そうすれば、調理法、味、食感などの傾向が分かります。

あるお母さんは「この子、野菜はだめなんです」と話されていましたが、よく話を聞いたら、根野菜は大丈夫、食べられないのは生野菜だけだったのです。つまり、生は苦手だけど、お芋の蒸したものや葉っぱも、ピラフやカレーの中に入っていれば食べているのです。この場合は、今追い詰めて叱ってでも食べさせる必要はありませんね。

好きなものを増やすことは子どもにとっても楽しいし、大人の努力も少なくて済みます。嫌がるものを食べさせようとすると、食事場面で互いに不愉快な思いをします。食事場面は楽しいが一番です。もちろん、手をかえ品をかえて、大人がおいしそうに食べてみせて、チャンスがあればほんの少し味見くらいはして欲しいものですが、食べないことを悪いことのように責めてはいけません。

好き嫌いをなくすために、また栄養になるからと味の濃いカレーの中に苦手なものを入れて食べさせるとか、焼き飯やハンバーグなどに細かく刻んで入れるのもよく使う方法ですね。でも、そもそも今、それを食べさせる必要があるのかよく考えてみましょう。発達を待てば、いずれ食べることができるものがほとんどです。

やはり、偏食は、「みんなおいしそうに食べているな。食べてみようかな」と子ども自身が思い、自分から試してみることで改善されていくものだと思います。食べられたら「お兄ちゃんになったね」などと言ってあげると、子どもの「食べる」意欲が増すでしょう。

▲提案③　発音と食べることとの関係

ところでこの子の場合は、発音も咀しゃくも苦手とあります。舌をうまく動かすことができないから噛むことに努力が要るのかもしれません。舌の運動は食べること、発音を作ることに関係しますが、食べることと話すこととの発達を支える要因は違います。

3歳という年齢は、まだまだ発音は未熟なものです。3歳ころにカ・ガ行は上手になり、サ・ザ・ラ行や「ツ」の音は4、5歳以降までかかって言えるようになります。言語発達そのものがゆっくりで発音の獲得もゆっくりのタイプもあり、食べることとは別の問題かもしれません。

他は順調だけど発音が気になるのなら、保護者と話し合って、言語聴覚士からアドバイスをもらってください。発達を待っていれば自然に獲得されるタイプか、訓練の必要性の有無などがわかり、安心していただけると思います。

Q question 2　母乳が離せず、離乳食が遅れている1歳児

最近入所した1歳3カ月の子ですが、家庭ではドロドロした離乳食を少し、あとはお母さんのおっぱいを飲んでいるそうです。お兄ちゃんも、保育園に1歳過ぎで入り、押しつぶせる軟らかさの離乳中期食を食べていて、固形のものが噛めるようになるまで苦労しました。1歳を過ぎて、いつまでも母乳中心は栄養や歯並びが心配です。

食べるときに、口をとがらせて吸っていたり、口先で食べているように見えます。この子のお兄さんも同じ食べ方をしていました。

A answer 2　離乳食が進まない要因を探りましょう

お母さんと子どもの両面から、離乳が進まないわけを考えてみましょう。

離乳食の開始が遅かったのか、開始後も積極的に進めていないなら、その理由を理解しておきたいです。あるいは、子ども自身に発達の問題があるのかもしれません。

▲提案①　摂食機能に合わせた噛みやすい食べもの探し

口先で食べているように見えるのは、吸っている、顎が上下にしか動いていない、前歯だけで噛んでいる、口の前のほうに食べものをためている、などが考えられます。

こういう場合は、舌の左右への動きが悪い、その結果処理できないものを拒否している、口の過

敏性がとれていないなど、子ども自身の問題が考えられます。まずは、今の中期食で充実した発達を目指します。すぐ後期食へ移行することを考えるより、中期食の間に次への移行のための準備をするのです。

現在のドロドロ（ミキサー食）は飲んでいるのだと思います。だんだん水分を飛ばして、スプーンにポッテリのる軟らかい塊にし、唇でこそげとり、押しつぶし嚥下をうながすようにします。すると、根野菜やおかゆ、豆腐など、中期食で食べられるものの種類が増えます。発達段階に合った調理や形態を検討しましょう。

今は中期食かもしれませんが、徐々に後期食にもっていけるよう準備します。大きめの麩せんべいやウエハース、スティックパンなど、くちどけの良いものを噛み切らせてみましょう。前歯で噛み切ることが、食べものを奥歯に送る後期食の準備になります。

▲提案② 生活習慣の把握

給食では毎回同じような食べ方でしょうか？ 眠いときや疲れているときは、口の動きも少なくなります。いつも給食時間が、ちょうど眠いときにあたるのかもしれません。おやつの食べ方と様子の違いはありますか？ 眠そうなら安全のために、目を覚ます意味で冷たい水などを与えてから食事を始めてみてください。また、お母さんから子どもの睡眠の状況、就寝・起床時間、朝食の内容や時間を聞いてみましょう。

▲提案③　栄養管理

離乳食は、赤ちゃん茶碗1杯食べても、固形物に比べればカロリーは低いので、栄養状態が気になりますね。顔色もよく、よいウンチが出て、体重増加も順調で活発なら、今の離乳食でも栄養は足りていると考えられます。給食は、たくさん食べるのでしょうか？　体重・運動量から必要なカロリーや栄養の目安を、栄養士さんから聞いてください。母乳は飲んでいても、この子の発育を支えるほどの母乳は出ないでしょうから、食事やおやつでカロリーを計算しましょう。そして、家庭での食事内容を把握してください。

▲提案④　お母さんの子育てを見守る

お兄ちゃんは、その後しっかり噛むようになりましたか？　できるだけ長く母乳をあげたいお母さんも、一方で離乳食もしっかり食べさせて元気な子どもを育てている人がほとんどです。お母さんがいくら母乳中心でいこうとしても、子どものほうが量が足りずに不機嫌になったり、食べものを見たら欲しがるようになるものです。ましてや身近にいるお兄ちゃんの食べるものには興味があるはずです。

離乳開始が遅れた経過があっても、現在のお兄ちゃんが元気に育っているなら、その遅れは同じように取り戻す可能性がありますから、あまり心配しないでください。保育所に入所したことで、これから離乳食を広げ、進めていける環境も得たので、見守りましょう。

まれには、7、8カ月になってもお母さんのおっぱいだけで、おもちゃやスプーンを口にする経験ができてない場合があります。その場合、スプーンが口に入ると押し出すので離乳食が進みません。こういう経験不足も、健康な子たちはやがて乗り越えていきます。人やものへの興味や理解が、行動を変えていくのです。

さて、保育士さんたちは、同じ年齢の子と比べて心配してしまいがちですが、家庭の考え方や、発達の個性は尊重しなくてはいけません。また、お母さんが、なぜそう考えるのか誠実によく聞いて、家庭と園の生活が調和するように話し合うことです。忙しくて子どもに適したものを用意する余裕がないなら、味噌汁などの具材に軟らかくした根菜（レンジでチンしてから味噌汁に入れるなど）で簡単メニューを伝授しましょう。

▲提案⑤「おいしい」「楽しい」に気付いてもらう

食事がおいしい、〝おっぱいで抱っこ〟より、対面して遊ぶのが楽しいと気づかせることも大切です。気になるのは、お母さんがそばにいれば、遊びをやめて母乳を欲しがり、お母さんの胸に顔をうずめてばかりでは、周囲からの刺激を受け取ったり、自分から人やものに働きかける力が弱くなることです。

でも、この子にはお兄ちゃんがいるので、きっと興味のある食べものも遊びも目にして、手を出してくる可能性が高いです。また、保育園にいるおかげで、毎回の給食でいろいろな食事にチャレンジするわけです。もともと、障害がない子でしたら、いまの遅れは取り戻すでしょう。

家庭でできないことを、保育で援助してあげてください。子どもには、抱っこやおしゃぶりとしてのお母さんの乳首には魅力がありますけれど、食事のほうがおいしいし、楽しいと感じたら、どんどん食事が進むことでしょう。母乳は精神的に得る満足は大きいかもしれませんが、おいしいものがあることをうんと経験させてあげられると、食べることと甘えることは区別していくでしょう。

担任の先生は、お母さんが断乳することを勧めるより、積極的に離乳食を進めていけるようにコミュニケーションの機会を増やしてください。こちらから、「今日の給食にこんなものが出て、喜んで食べてくれました」、「おやつの〇〇を食べましたが、ウンチはどうでしたか」など、状況を伝えて、お母さんと食事についてやり取りしてください。お母さんの中には、周りから受け容れてもらえてないと感じている方もいます。同齢の子と違いがあるだけでしんどい思いをしている人もいますので、コミュニケーションがとても大切です。

Q question 3 噛まない、早食い、過食の心配

3歳の男児ですが、噛まない、早食い、過食を心配しています。体重は20キロ以上、5歳児なみに大きいです。周りの子が半分食べたころ、もう食べ終わってしまいます。特に、カレーやシチューは丸飲みであっという間になくなり、おかわりを求めます。どう指導していけばよいでしょうか？

A answer 3 三つの面からのアプローチ

噛まない、早食い、過食は、一緒に起こりがちな問題です。噛まないと早く食べられますし、早食いの子は過食となりがちです。この場合、三つの面からのアプローチが必要かと思います。

▲対策① 肥満の予防

体重は多いようですが、肥満は大丈夫ですか？ 食事量が多いのに、肥ることもなくしっかり運動する子なら、噛むこと、早食いに注意すればよいと思います。一方、肥満が運動に影響するのは心配です。いっぱい食べても、その分運動すればよいのですが、肥るとかえって運動しにくくなるので要注意です。小児の肥満は成人病にもつながりかねませんので、運動量、体重から適正な摂取量を把握し、お母さんとどのような工夫がよいか話し合ってください。単純に食事量を減らすと栄養も減るので危険です。糖質も脂肪も大事な栄養です。むしろ、自転車や車でのお出かけは極力避け、移動は歩く、家で遊ぶより公園でパパと遊ぶなど、全身運動で楽しく体を動かして運動量をあげ、カロリーをしっかり消費しましょう。

▲対策② 社会食べ

みんなとおいしく食べることで噛まない、早食いは改善できることが多いです。まずは、家族やお友だちと楽しんで食べることとです。早食いの子は、食べものしか見ていないものです。まずは人と一緒に食べるおいしさ・楽しさを感じてもらうことです。食事中も、ゆっくりと会話を楽しむことを教えましょう。保育園なら、「○○ちゃんのにんじんはお星さまの形だ」「きゅうりを噛んだら、カリカリって音がしたね」などと話しながら、楽しく食べることができればよいと思います。

大勢の中だと個々のお友だちの存在が認めにくいので、小グループでしかも普段から仲良しの子と食卓を囲めるとよいでしょう。また、話題も、その子にとって一番興味のあることに水を向けると、相手の存在も意識しやすいでしょう。そういう関係ができてから、噛むことを促していきます。「噛みなさい」というだけでは噛まないので、「噛んだらどんな味がした」、「硬くて噛めない？」など、噛むことや食材に興味をもたせることから始めます。

▲対策③ 噛む必要のある調理法

「噛まない」という心配ですが、全く噛まないわけでなく、噛む回数が少ないという例がほとんどです。調理法によって、噛むときもあれば、噛まないで飲み込むときがありませんか？ 肉類でも、サクサク衣のついた揚げ物とカレーの中の肉では違いがあります。噛む必要がある調理法で工夫しましょう。

Q question *4* いつも口が開いている4歳児

いつ見ても、口が開いていて、下唇がよだれでぬれています。気がついたときに、「お口は？」と声をかけていいます。一瞬閉じますが、しばらくするとまた開いています。よだれは落ちるほどではないのですが、顔が下向きで夢中になって遊んでいるときは、床がぬれます。どう指導すればよいでしょうか？

A answer *4* なぜ口が閉じられないのかを考える

なぜ口が閉じられないのかというところから考えなければいけません。姿勢と鼻呼吸の両面から見ていきましょう。

▲提案① 姿勢の問題の場合

姿勢を見てください。筋力が弱く、骨盤後傾で背中は丸く、首の後ろ側が縮んで顎が上がっているようなら、口は閉じにくいのです。原因を取り除いてあげることが先決でしょう。

姿勢については、運動能力を高め、よい姿勢がとれるように筋力をつけていくことです。まだ小さい子どもなので、散歩やボール遊びなど、体を使った楽しい遊びを通して力をつけます。座るときは、必ず体に合った椅子を用意してあげ、骨盤が前傾するよう、また自分の体重が骨盤・太も・足底などでしっかり支えられるようにします。（P70参照）

▲提案② 鼻炎など鼻呼吸がしにくい場合

鼻炎のために口が開いていることもあります。アレルギー性であれ、風邪の症状であれ、鼻炎が続いている、あるいは鼻炎が続いた後は、口呼吸が癖になっています。鼻炎であれば通院治療がされているかを確認するとともに、治りにくい場合はその原因も探ることです。口の中を清潔にする、鼻をかむ、病気に負けない体つくりと栄養摂取も大切です。

▲提案③ 働きかけ

姿勢や口呼吸の問題は体全体から働きかけます。そのうえで、口そのものへの働きかけはどうしたらよいでしょうか。

●ことばかけは有効か？

いつも口を開いている子どもに「口を閉じて」と言っても、一瞬なら閉じられても、閉じ続けることができません。閉じれば息苦しいのかもしれません。閉じるための筋肉が弱いのかもしれません。「お口！」ときつく言われると、叱られたような気になります。声かけは、閉じているときに褒めたほうが有効です。

●吹く遊び

たとえば、ラッパや笛を吹かせて音を長くする、シャボン玉を吹いて大きくふくらませたりするのはいかがですか。ティッシュをテーブルの上に置いてストローで吹き飛ばして遊んだり、誕生会と称して小さなろうそくをそっと吹き消したりしてもよいです。ものをくわえることで、口唇を閉じる筋肉をしっかり使いますし、吹く動作は口をすぼめるので、よい影響があります。朝の洗面やプール遊びも、口を閉じる機会です。

▲提案④　よだれ対策

よだれは、いつでも自分で拭けるように小タオルを持たせたり、身近にティッシュを置いておき、自分で拭かせてください。常に口の周りが濡れていると、その状態に違和感を感じませんから、濡れているということを感じるためにも拭いて欲しいのです。叱らず、普通の調子で言うこと、拭けたら褒めることをお願いします。

口が開いていると、口の中に唾液がたまった感じがわからないので、そのまま垂れてきます。唾液が多いのではなく、口が開いたままでは飲み込めないから出るのです。口唇を閉じることで解消します。口唇が閉じない場合、よだれだけでなく、食事、発音にも影響することがあります。夢中になったときによだれが落ちる程度なら、いずれ発達と共に解消します。

Q question 5　スプーンの持ち方

スプーンの柄を上から持ったり、下から持ったりして、スプーンをきちんと持てない子がいます。スプーンの持ち方は、子どもの食べ方や発達とどう関係があるのでしょうか？

A answer 5　スプーンを持つこと、使えること

スプーンを持てるということと、うまく使えるようになることは違います。スプーンが持てるようになって、練習しているうちに、だんだん道具として上手に口に運べるようになるのです。安定した座位、上肢の運動、指の巧緻性、目と手の協応などの発達に支えられて上手になります。

▲提案①　スプーンを上手にさせたいなら、手づかみを大切に

スプーンを使うには、手づかみで上手に食べることが前提です。手づかみもはじめは手のひらで食べものを口に押し込みますが、発達するにつれ、指先に持った食べものを前歯で噛み切る食べ方が上手になっていきます。上肢・指先・口の動きが協調することで、適量を口に取り込み、前歯で噛ん

で食塊を舌の前方にのせ、必要に応じて奥歯に送って咀しゃくするということにつながるのです。

今スプーンがうまく使えないならば、まだまだ手づかみ食べも並行してさせてください。また、食事中スプーンを持ち直させるなどは、子どもには楽しいことではありませんから、そっと肘や肩を支えてあげてください。スプーンを手のひらでなく指先で持てるまで、遊びの場面でも指先を使わせたり、砂場でもおもちゃのスプーンで遊ばせるなど、経験を広げましょう。

▲提案② 子どもにあったスプーン選び

保育園では、0歳児用、1歳児用といったように年齢で使う食器を決めていても発達はさまざまです。それぞれの子どもの発達に合わせて変えられるように、何種類か用意しましょう。選び方は、73ページの図9を参考にしてください。家庭では、離乳食用でなく、ティースプーンでもピッタリのものがあります。

幼児期に入って、子どもが自分でスプーンを持って食べる場合、食べものがうまくのらない小さなスプーンでは、食べる意欲がなえてしまいます。この場合では、持ち手の握りやすさを優先しますが、ボールが大きすぎるものは、食べものが大量に入るので注意が要ります。

▲提案③ 離乳期の介助スプーンの入れ方

飲ませたり食べさせたりするときの姿勢にも気をつけてください。大人は背が高いので、高い位置から子どもにスプーンを差し出すと、子どもは必要以上に大きく口を開けてしまい、結果、開いた口にスプーンが入ると食べものが舌の奥の方に入る可能性があります。スプーンが口に入ったら、唇を閉じて食べものを上唇でとれるように、スプーンは水平に、唇の中央からまっすぐ入れるようにしましょう。口を大きく開けさせるよう仕向けるより、食べものの量を子どもが自分で見て認識し、それに合わせて必要なだけ口を開け、スプーンが入ったらすぐ閉じて食べものをこそげとることが大切です。（P72図8参照）

Q question 6 食べることを促すことばかけは？

食べることを促すために、「ゴックン」、「カミカミ」、「アグアグ」など、どんなことばかけが子どもにわかりやすいですか？

A answer 6 ことばかけと動作などが伴うように

「ゴックン」と大人が言う時、「クン」のあたりで頭をうなずくようにしていませんか？　また「カミカミ」の「カ」は口が開いて「ミ」で閉じる、同様に「アグアグ」でも「ア」でひらき「グ」で閉じるので、子どもには口が開いたり閉じたりする口の様子を表しているように見えます。ことばかけだけでなく、頭や口の動きを加えて示しているから、子どもにもわかりよいでしょう。幼い子どもへのことばかけは、動作や顔・声の表情をことばと共に使うほうがよいです。どんなことばを用いるのがいいのか、というだけの問題ではありません。発達段階や対人志向性によってさまざまだと思います。

▲提案　子どもの言語理解に合わせる

まだお話ができない乳児でも、ことばの出始めの子どもには、「飲みなさい」より「ゴックン」、「嚙みなさい」より「カミカミ」「アグアグ」はわかりやすいです。「カミカミ、よく嚙んで」という言い方も素敵です。ただし、「カミカミ」も、「嚙む」も口の中の動きですから、子どもがことばで理解できるのには時間がかかります。食事場面で、お母さんや先生が一生懸命言うので、「なんだろう？」と見つめ返せば、まずは成功です。

ことばの復唱を求められたのかと勘違いして、「アミアミ」と答えてくる子もいます。「嚙む」ことを伝えるのは、ことばだけでは難しいです。実際にその子がせんべいやビスケットなど嚙んでいるときに、大人が「しっかり嚙んでるね！」「カミカミじょうずだね」というほうが、現前の行為で伝わりやすいと思います。

ところで、大人は乳児期にある子どもに、「犬」という成人語より、「ワンワン」という擬声語をよく使います。これは、理解や模倣を促すために活用されている「育児語」です。「ハサミ」を「チョキチョキ」と言うのは育児語ですが、可愛いからと子どもの発音を真似て言う「ハチャミ」は、赤ちゃんことばで、大人は「ハサミ」と発音するほうが良いです。育児語を使った「ハサミでチョキチョキしよう」は、「切る」の動詞を表し、「チョキチョキ貸して」では「ハサミ」という物の名前にもなり、概念の育ちを促します。育児語は言語発達に効果的です。

大事なのは、子どもの理解力や記憶力に合わせてことばや文の長さを調節すればよいのです。今すぐ理解できないことばも状況に合わせ、使い続ければやがてわかるようになります。「アグアグ」か「カミカミ」のどちらが良いかの問題ではありませんね。

あとがき

『じょうずに食べる―食べさせる　摂食機能の発達と援助』は、「食べもの文化」２００５年８月に別冊として発行され、その後単行本にしていただきました。私にとっては初めての、摂食にかかわる発達援助について書いた本です。今回は、この本をもとに、自分が病を得て、「援助をする人―される人」の共感性が大事であることも表現したいと考えて書きました。

　私は２０１７年２月に膵がんがわかって、治療のための入退院を繰り返すことになりました。入院直前の２月には自分で新幹線で広島へ、３月には入院中の外出で車に寝かされ鳴門に講演に行きました。みなさまの前に立つと、免疫力が上がって闘病の力を得た気がしました。ＳＴ（言語聴覚士）が患者になる経験は貴重です。特に入院中の病院食や現在も続く食事制限は、自分への摂食指導と考え、子どもたちの思いに少し共感できる機会にもなりました。

　この数年間、食欲不振、消化不良、味覚の異常などに悩みました。私は、お腹の中の消化器官名くらいは知っていても、どんな働きをするところなのか専門的知識がありません。でも、自分の状態は自分で医師やスタッフの方に伝えることができます。子どもではうまく伝えられませんが、24時間寄り添うお母さんだからこそ、子どもの変化も見逃さず伝えていらっしゃいます。お母さんは、その子の一番の専門家だということを実感しました。

元気な人でも食欲をなくすことはありますが、食欲を感じないということも経験できました。治療のために絶食が続くと、空腹感がなくなり食欲もなく、食べないことが当たり前になり辛くもありませんでした。経鼻経管栄養や胃ろうの患者さんと似ているなと感じました。絶食の後は、丼鉢になみなみと注がれた重湯が出ますが、そんなにはいただけません。

私は咀しゃくができるから、飲むだけの重湯よりわずかでも軟飯をしっかり噛むほうが唾液の消化酵素は出るし、食欲も出るかもしれないと思いました。また、塩味のない、出汁のきいていない煮物も食欲が出ませんでした。ただし、治療の段階で食欲をなくすことには対応されており、濃い目の味のメニューからリクエストができました。私は関西人らしく、お好み焼のソース味や香りが「おいしい」を思い出させてくれました。味、香りは食欲の決め手で、食べない子どものことをいろいろ思い浮かべる機会になりました。

日常は担当医を通して食事内容が決められますが、入院中は何度か栄養士さんとお話する機会を得ました。栄養補給ゼリーは、匂いが苦手で食べず嫌い、せめてもと栄養士さんが、赤ちゃんせんべいやボーロを出して下さいました。食感や噛む音が楽しめました。まずは食べる意欲の回復が優先なんですね。

現在、私は脂質が消化できないので、食事に気をつけています。意外に脂質は何にでも入っているので困ります。食欲を取り戻し、自分の食べられそうな食材や調理を考えるのが楽しい毎日です。子どもたちは自分で考えることはできませんから、大人のアイデアが大切ですね。

この度も安藤節子先生をはじめ、食べもの文化編集部のみなさまにお世話になりました。この場を借りて、お礼申し上げます。

２０２１年11月

山崎　祥子

著者紹介

山崎《やまざき》 祥子《さちこ》

言語聴覚士　1948年 生まれ

◉職歴

1981年～1982年	高槻赤十字病院理学診療科勤務
1982年～1994年	京都市児童福祉センター療育課言語障害部門勤務
1994年～	らく相談室を池添素と主宰。 乳幼児から高齢者までのコミュニケーション障害の相談指導を行なっている。
2002年～2016年	大阪医療福祉専門学校言語聴覚士学科　非常勤講師
2003年～	大島医院(耳鼻科)言語外来非常勤
2017年度～	らく相談室まなえだ主宰 日本マカトン協会REP

◉主著

『新版子どもの障害と医療』(共著、全国障害者問題研究会出版部、2000年)

『アドバンスシリーズ　コミュニケーション障害の臨床　口蓋裂・構音障害』(共著、共同医書出版社、2001年)

『シリーズ言語臨床事例集　言語発達遅滞(1)』(共著、学苑社、2001年)

『自閉症スペクトラムの子どもの言語・象徴機能の発達』(共著、ナカニシヤ出版、2004年)

『じょうずに食べる―食べさせる　摂食機能の発達と援助』(芽ばえ社、2005年)

『子どもの発音と言葉のハンドブック』(芽ばえ社、2011年)

『そしゃくと嚥下の発達がわかる本』(芽ばえ社、2015年)

『どうしてますか?手づかみ食べ　自分で食べるはじめの一歩』(芽ばえ社、2015年)

改訂
じょうずに たべる たべさせる
摂食機能の発達と援助

2021年11月18日 第1刷発行

本書は「食べもの文化」2021年5月増刊号
『できる！できる！もぐもぐごっくん〜赤ちゃんの咀しゃくと嚥下のお手伝い〜』に
加筆したものです。

著 者 山崎祥子
発行者 安藤健康
発行所 株式会社 芽ばえ社
〒112-0002 東京都文京区小石川5丁目3-7 西岡ビル2階
Tel 03-3830-0083 Fax 03-3830-0084
E-mail：info@tabc.jp
www.tabc.jp

表紙・本文デザイン／わゆう株式会社 登内裕子
編集協力／圓乗義一 小林あずさ
印刷・製本／株式会社光陽メディア

ISBN978-4-89579-415-2 C2077